JN065401

新規事業を崩壊させる5つの常識

富岡 功
TOMIOKA Isao

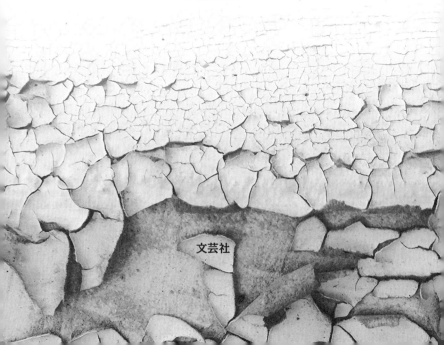

文芸社

―目　次―

前書き

　本書を手に取ってくださり、ありがとうございます。

　本書は、以下の二つのタイプの読者を想定して描かれています。

　①既存企業（規模の大中小を問わず）で新規事業開発を担当されている方。

　②将来、既存企業を辞めて、起業をしようと考えておられる方。

　いきなり物騒な話から本書を書き始めます。

　私を突き動かして本書を何としても世に出さねばと駆り立てている衝動は、怒りです。

　私の新規事業開発コンサルタントとしての専門はリーンスタートアップメソッド/The Lean Startup methodologyですが、日本に流布しているリーンスタートアップは、そのほとんどが根本的に誤った解釈からなる無責任な「エセ・リーンスタートアップ」であり、その結果、「起業の××」とやらを読んでみたがうまくいかないと嘆く事業開発者が後を絶たないという深刻な現象が生じているのです。

　私は自分が設立した会社のコーポレートサイトで、「事業開発力クイズ」というものを提供しております。その一部を次に

抜粋します。正解と思われるものに〇をつけてみていただきたいと思います。

問1　できあがった事業をより売れる形にするのが、マーケティングと営業の役割である。

問2　成功事例を調べてその例にならえば、大ヒット事業を創れる。

問3　マーケット・リサーチ（市場調査）によって、新規に開発する事業の市場を、事前に見積もることができる。

問4　無償のPoCにより、その事業の成功／不成功を、少なくともある程度は占うことができる。

問5　ウォーターフォールでなくアジャイル開発を実施すれば、新規事業は失敗しにくい。そして、リーンスタートアップとは、アジャイル開発のことである。

……さて、いくつに〇が付いたでしょうか？

実は、この中に正解は一つもなく、どれ一つとして〇を付けてはいけないものです。世間に流布してしまっている、致命的な誤解ばかりを列挙してあるのです。

一つ一つがなぜ誤っているのか？　の詳細は、本書全体を通じて議論していきますが、取り急ぎ要点だけ回答を記していきます。

問1　できあがった事業をより売れる形にするのが、マーケ

ティングと営業の役割である。

　→　不正解。マーケティング部門と営業部門には「もともと魅力的からは程遠い事業企画自体をひっくり返す権限を持たない」という限界を持った部署です。

　問2　成功事例を調べてその例にならえば、大ヒット事業を創れる。

　→　不正解。世の中をひっくり返すような過去の大ヒット事業は、必ずと言っていいほど、全く成功事例のないドメインに生まれています。そもそも、成功事例がある、イコール、「すでにその成功事例に既存のマーケットの大部分が占有されている」のですから、原理的に当たり前のことです。

　問3　マーケット・リサーチ（市場調査）によって、新規に開発する事業の市場を見積もることができる。

　→　不正解。成功事例のない事業は、いったん生み出されると、市場を自分で創出していく形でスケールします。そのスケールぶりをあらかじめ予測するなど不可能です。

　問4　無償のPoCにより、その事業の成功／不成功を、少なくともある程度は占うことができる。

　→　不正解。無償のPoCは、事業開発におけるタブーです。決して参考にしてはいけないゴミデータしか生み出しません。

問5　リーンスタートアップとは、アジャイル開発のことである。

→　不正解。リーンスタートアップメソッドを初めて体系化したエリック・リース氏は、自らがCTOとして参加したスタートアップIMVU（インヴュー）のサービスを最初スクラムで開発して大失敗、危うく倒産させかけています。

さて、読者は、この中のいくつに○をつけてしまったでしょうか？

2つ以上につけてしまった方、そして、1つしか○を付けなかったものの、解答を読んでも納得いかない方は、本書を最後まで読む価値が十分にあると申し上げておきます。

ここでこのクイズを上げたのは、○をつける数が多ければ多いほど、あなたの脳が「大企業脳」になっている可能性が高いということなのです。実際にあなたの勤務先がいわゆる大企業に属するかどうかは、ここでは関係がなく、企業が新興でなく設立されて長い間経っているエスタブリッシュメントである、という意味で大企業と呼んでいるだけです。

あなたが「大企業脳」の持ち主であっても、あなただけが責められる必要はありません。スタートアップ後進国である日本では、私が正解として記述した直感に反する知見が、

「成功する事業はあらかじめリリースのはるか手前で準備可能であり、それを良しあしでふるい分けるために、社内承認（稟議）というシステムがある」

とする、「大企業脳」のバイアスで上書きされているのです。

　ここで、突然ですが、次の問題にあまり深く考えずに答えてみてください。

〈問題〉
「白線で歩行者用のスペースが切り分けられていない車道を歩いて通るとき、あなたは左側を通るべきですか、右側を通るべきですか？」

歩行者が右側を通行すべきことが明示された標示（筆者撮影）

　正解は、もちろん、右側通行です。
「歩行者は、歩道又は歩行者等の通行に十分な幅員を有する路側帯と車道の区別のない道路においては、道路の右側端に寄って通行しなければならない。ただし、道路の右側端を通行することが危険であるときその他やむを得ないときは、道路の左側端に寄って通行することができる。」（道路交通法 第10条第1項）
　注意して車道を歩いていれば、自転車の停車位置の、道の反対側に歩行者の停止位置が描かれているのをそこここで見つけることができます。

ところが筆者は、車道を右側に張り付いて歩いていて、向こう側から左側を歩いてくる年配の方とぶつかりそうになり、そのおじさんに、「じゃまだ、どけ、このバカっ！」と怒鳴られたことがあります。この「バカ」とは、恐らく、そのおじさんが「世間の常識」だと思い込んでいるものを知らないという意味でしょう。

　新規事業の開発に関する考え方、その実践的なメソッドとは、ちょうどこの右側通行のようなものです。新規事業開発に携わる人たちのほとんどが、この種の「世間の常識」、すなわち本当は間違っているのに、皆正しいと信じているルールにしたがって動いているのです。

　冒頭に掲げた典型的な読者像のいずれもが、このバイアスを引きずったままでは、所属する企業においても個人の経歴においても、大きな成功を勝ち取る確率は、とても低くなります。

リーンスタートアップ運動の嚆矢である西海岸のスタートアップ業界のグールー、スティーブ・ブランク氏は、最初の著書『The Four Steps to the Epiphany』[2] の第二章冒頭に、マタイによる福音書の一節を掲げています。

　「破滅に至る道の門は大きく道幅は広いがゆえに、その道を
　　通るものは多い」　　　　　　　　　　　　　　（第7章13節）

　先ほど提示した「成功する事業はあらかじめ準備可能」というこの考え方が、まさに破滅に至るこの広い破滅への門であり、ほとんどの事業開発者たちがここを通り——失敗していきます。

　これが、日本の新規事業が大した成功を生み出さない根本原因なのです。

　そうならないために、この本を読み進めてみてください。

　第1章からは、前書きで取り上げた、新規事業開発の誤った考え方を一つずつ列挙し、誤りを指摘することで、読者の皆様に本当の事業開発の考え方を理解していっていただきたいと思います。

　同時に、間違いを指摘するだけでは一向に生産的ではありませんので、事業を成功に導くためには具体的にどうすればいいのか？　も、その章の中で併せて書いていきます。

第1章　線形プロダクト開発の金字塔イリジウム

失敗を恐れるな！　サインを見逃すな！

　（失敗の予兆が見えたらさっさと撤退せよ）

　　　　　　　　　　モトローラ 二代目社長　ボブ・ガルビン

特殊部隊が持ち歩く、鉄の着信を誇る携帯電話

　私はその映画の変なシーンで身を乗り出してしまいました。

　タリバンの軍事的なリーダーの一人を葬り去るための「レッドウィング作戦」を遂行するため、４人の精鋭からなる、米軍の特殊部隊ネイビー SEALs のチームがアフガニスタンの山にヘリで降り立ちます。彼らはタリバンの基地に迫り、双眼鏡で、ターゲットであるタリバンの要人を確認します。ところが民間人と思しきアフガニスタン人と接触してしまい、仕方なく捕虜にすることにしました。

　捕虜を殺すの殺さないの、とチーム内ですったもんだした挙句、前線基地の判断を仰ぐため、持ち歩いている通信機を用いてコンタクトを試みます。

　ところが、これが山の中なので一向につながらない。通信担当はやむなく「イリジウム」とロゴの入った衛星電話を取り出して、前線基地に電話します。

「聞こえますか？　これは安全が担保されない回線でかけています」

　映画『ローン・サバイバー』4) の前半、手に汗握るシーンです。この後、タリバンにこの部隊は見つかってしまって大部隊の猛攻をくらい、マーカス一等兵曹を除いて全員が戦死します。

　この作戦は実際にアフガニスタンで実行されたもので、のちに救援に向かった者を含めて、ネイビー SEALs の隊員11名が戦死という、同部隊始まって以来の大損害を出しています。

この作戦の唯一の生き残りだったマーカス氏の体験談である原作を読んでみたら、実話とはかなり筋立てが違うのですが、軍事用の無線機がつながらなかったので、衛星電話を使って前線基地にコンタクトを試みたのは、これは事実のようです。

　私が身を乗り出したのは、このイリジウムこそ、線形プロダクト開発（和製英語で「プロダクトアウト」といいますね）の究極の大失敗事例として頻繁に取り上げられるプロダクトだからです。

イリジウム計画の開始：稟議と社内承認

　最初の章で、前書きに書いた間違いの指摘をあえて開始せず、このイリジウムの事例にお付き合いいただくのは、前書きに書いた、

「成功する事業はあらかじめリリースのはるか手前で準備可能であり、それを良しあしでふるい分けるために、社内承認（稟議）というシステムがある」

　とする、「大企業脳」のバイアスが最も強烈に表れた例であり、かつ、市場調査や広告など、典型的な間違いもそのプロジェクトの中で象徴的に犯しているためです。

　イリジウムLLCはモトローラの子会社で、ずっと軍産複合体の一部としてロッキードやTRWといった軍事産業に通信関連の部品を納め続けてきて下請けに飽き飽きしたモトローラが久々に放つ、夢のBtoC製品でした。この企画発案当初の1984年当時の携帯電話事情というと、ヨーロッパにおける2Gの規格「GSM」が当時まだ通信キャリア募集中の企画段階だったことからわかる通り、アメリカにおいてすら、

「アメリカ全土を基地局で覆いつくすなんてばかばかしい夢物語だ」

　と思われていた、ちょうど、JRが駅にSuica対応の改札を導入し始めたときと同じような状態でした。モトローラの技術者３人がこの「多数の衛星のコンステレーションで世界のどこででもつながる携帯電話を実現する」ということを思いついた、

その基礎になっていたのは、実はレーガン大統領のスターウォーズ計画の一環として構想されていた技術でした。まさに、ずっと軍事技術の粋をきわめてきたモトローラならではの、他社にはまねしようのないプロダクトでした。

　起案者である3人の技術者は、「まずは知財を登録すべし」など、七面倒な社内ルールの関門を突破し、ようやく分厚い企画書を経営陣のテーブルに載せました。その企画書は、我々がやらなくても、どのみち何者かがこの種の衛星電話を実現するだろう、それをいの一番にサービス化するのは、通信業界の雄モトローラの役割でなければならない、と熱く上層部に訴えかけていました。

　このとき、稟議の承認額は65万ドル、現在の円に換算すると、約20億円です。いくら大企業のモトローラといえども、海のものとも山のものとも知れぬ新規事業開発のために支払う初期費用としては、あまりに巨額です。当時の経営陣が顔を見合わせ、リスクが大きすぎるとゴーサインを出しかねていたとき、前代の社長で、Appleにとってのスティーブ・ジョブズ氏並みのカリスマだったボブ・ガルビン氏（彼はもともとこの壮大なプロジェクトを気に入っていました）の鶴の一声でゴーを出しました。

「誰も予算を付けないというのなら、私が個人の資産から小切手を切る」

　ガルビン氏は社長だったころから、社員にこう言っていたのです、「失敗を恐れるな！」と。

「世界のどこででもつながる携帯電話を世界の人々に！」

　この後イリジウムの標語となる、この耳触りのいいキャッチフレーズは、自社のコア・コンピタンスを軸に事業を経営すべきというケイパビリティ学派の重鎮としてたたえられる経営学者ハメル教授の耳にも入り、その主著 "Competing for the future"（邦訳『コアコンピタンス経営』は残念ながら抄訳です）の中でも絶賛されます（Gary Hamel and C.K. Prahalad, "Competing for the Future", Harvard Business School Press, 1994）[5]。

　曰く、

　　　「モトローラには、①5〜15年先の顧客ベネフィット②そのベネフィットのためにいかなる能力を構築/獲得すべきか③いかなるカスタマーインターフェースをこれから数年で再構成するかの三要素を完全に満たした、インダストリーの先見の明 industry foresight を具備している」

　そんな古い著作は今さら参考にならないと思われるかもしれません。しかしこれとほぼ同じことを、2020年に、経済産業省は日本の政府・企業・大学・国立研究機関に「未来ニーズから価値を創造するイノベーション創出に向けて」という文書の中で求めています。

こちらは、

> 「『高品質・シーズ志向』『出口志向』ではなく、長期的視
> 点に立ち、未来のあるべき姿を主体的に構想し、『未来
> ニーズから新たな価値を創造するイノベーション創出』に
> 取り組むことが必要」

としています。

イリジウムは、現代の経済産業省の基準でも十分に有意義な
ことをやろうとしていたわけです。

イリジウム計画のたどったガントチャート

　まさに典型的なウォーターフォール型のプロジェクトが始まりました。

　世界どこでも使える独自の周波数を取得し、株や借り入れなどありとあらゆる手段で50億ドルに上る資金調達をして、90個以上の衛星を打ち上げます。うち、72個のメインの衛星は、1年強という短期間で打ち上げたにもかかわらず、一つのミスもなく軌道に乗り、当時の宇宙技術の歴史を塗り替えて奇跡と呼ばれました。そのうち66個はコンステレーションとして機能し続け、End Of Lifeで大気圏に落下させた2019年まで、頑健に稼働していました。技術関連社員の全員にシックスシグマのブラックベルト保持を義務化し、ソニーなど名だたるメーカーにシックスシグマを導入して、「アメリカンサムライ」と呼ばれていたモトローラの面目躍如といったところです。

　ここでシックスシグマの話を持ち出したのは、
「新規事業開発をPDCAで回して、進捗報告をせよ」
　という命令が、新規事業開発部門長から部員たちに落ちているところを目の当たりにしたことがあるからです。

　シックスシグマは通常のPDCAよりもはるかに厳格なもので、モノづくりでは最も成果が出るとされているプロセスです。イリジウムのメンバーはこれをわきまえ、確実な開発を行って、信じられないほど高品質な成果を、すこぶる良い進捗で上げることに成功したのです。衛星の開発プロジェクトのプロジェクトマネージャーは、社内で報告するとき、さぞかし鼻

が高かったでしょう。

　衛星の打ち上げと同時に、京セラに端末を造らせ、全世界の通信オペレーターと話して、宇宙からの通信を受けるゲートウェイを設けていきます。イリジウム社員は数々の障害を粒粒辛苦の末に乗り越えて、1998年11月、ついにローンチにこぎつけます。

　しかし、イリジウムの社長は、ローンチ直後に、システムのモニター端末を開いて驚愕します。ただ一つのコールも観測できなかったからです。

　そんなはずはない。10年にわたり3度の大々的な市場調査をやって、特に最後にマーケット・リサーチに従事した一流のコンサル会社A.T.カーニーは、2000年代に4200万人ものユーザが獲得できると見積もっていたはずだ。人気俳優アレック・ボールドウィン氏を起用し1億4000ドルもの大金が注ぎ込まれた全世界レベルでの広告キャンペーンを張らせたはずだ。

　通信システムにバグが多くつながりにくい、京セラの端末の開発が間に合っていない、まだゲートウェイの準備ができていない国が多い、それらのせいだ。

　まだ、システムはいろいろな意味で未完成だったのです。

　社長は資金繰りに奔走しながら、社員やステークホルダーに指示してそれらをフィックスさせていきました。最初こそ、当時のアル・ゴア副大統領（在任1993年1月20日〜2000年1月

20日）がグラハム・ベルのひ孫にかけたテストコールはつながらなかったものの（無償のPoCです）、最終的に、イリジウム技術的には途方もないイノベーションを起こすのに成功しました。

　当時の衛星は、効率面から、赤道上を回るのが当たり前でした。しかしイリジウムだけは、何十個もの衛星が複雑な軌道を描いて地球全体をカバーし、あなたがアラスカにいようが、南極をそりで走っていようが、基本2個の衛星がとっかえひっかえ頭上にあってスムーズにハンドオーバーすることで、人間の耳では認識できない180 msecという圧倒的に短い遅延を実現しました。

　また、軍事技術で培った技術でシステムを磨き上げ、クリアな通信品質を担保しました。そのおかげで、ごく最近まで、最も高い品質が求められる軍事の専門家がバックアップ回線として使用するほど堅牢さと通信品質を誇ったわけです。

アメリカ経済史上歴代３位のチャプター11

教科書通り準備したイリジウムは、サービスランチしてすぐ破産

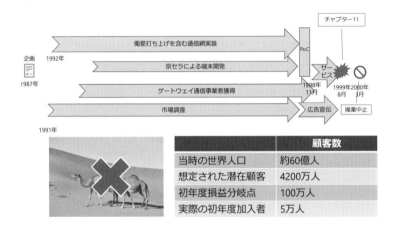

	顧客数
当時の世界人口	約60億人
想定された潜在顧客	4200万人
初年度損益分岐点	100万人
実際の初年度加入者	5万人

　そうした鉄壁の着信を誇るイリジウムでしたが、ローンチして一年に満たない1999年８月、時価総額65億ドルで、イリジウム社はチャプター11を申請します。事業再生のための破産の申請です。この破産額は破産法その当時ワースト１位の記録更新、歴代でも３位を誇ります。原因は、全く加入者が伸びなかったから、でした。

　モトローラから市場調査を依頼された、コンサルティング・ファームのA.T.カーニーは、2000年までに「ビジネス・ワールドトラベラーたち」4200万人がこれを使うものと調査結果を出していました。また、損益分岐点は、サービスをローンチして１年以内に100万人がこれを使いだすというものでした。

ところが、実際に使ったのは、僻地を命懸けで旅する探検家や登山家、たったの５万人だけでした。

　実際、2000年に一度サービスが中断された際、イリジウムを命綱として旅をしていた探検家が一人、遭難して救援を得られず、凍傷により指をなくしています。

　のちにマスコミは皮肉ることになります。

「ラクダに乗って世界を旅するビジネスエリートはいなかった」

　イリジウムの事例が古すぎるという声が聞こえてきそうですが、果たしてそうでしょうか？

　この本の執筆時、話題沸騰のChatGPT3.5に「新規事業の開発に成功する方法を教えて」と訊いたら、このように答えてくれました。

1. 市場調査：あなたの商品やサービスがどのような市場ニーズに対応するのか理解することが重要です。ターゲット市場や競合他社を理解し、それらのニーズにどのように応えるかを計画します。

2. ビジネスプラン作成：具体的なビジネスプランを作成します。これには、販売戦略、マーケティング戦略、運営計画、財務計画などが含まれます。

3. 財務計画：初期費用、運転資金、利益見込みなど、ビジネスの財務面を計画し、必要な投資を確保します。

4. 製品やサービスの開発：あなたのビジネスが提供する

製品やサービスを開発します。これはプロトタイプの作成、テスト、改善を含む可能性があります。

5．マーケティングと販売：ターゲット市場に製品やサービスを売り込むための戦略を実行します。これには、広告、プロモーション、販売チャネルの選択などが含まれます。

6．顧客サービス：優れた顧客サービスを提供します。これは、製品やサービスの品質を維持し、顧客の問題を解決し、リピートビジネスと口コミの好評を確保するために重要です。

7．継続的な改善と成長：ビジネスは一度立ち上げたら終わりではありません。市場の変化に対応し、ビジネスを改善し続け、新たな成長機会を探す必要があります。

　お気づきの通り、最後の7を除いて、イリジウムのプロジェクトは、これを忠実に、しかも非常に大規模に、強力なプロジェクトマネジメントで実行しています。にもかかわらず、大失敗しました。

　ここまで描写した、世紀の事業開発の大失敗の顛末は、以下の本に依拠しています。

John Bloom, "Eccentric Orbits – The Iridium Story" Grove Press Atlantic, 2017[3]

　この分厚いペーパーバックからは無数のインサイトが得られるため、私の手元の本は付箋でいっぱいです。

・インドアで使い物にならなかった

・サービスの商流が複雑すぎた

・端末が3200ドル越え、通話料も最高\$30/分と、異常に高価だった

・端末が巨大だった

・ケータイの地上波がつながらないときに、端末にカートリッジを取り付けるなど、ローミングが非常に不便だった

・当初の予想より、２Gが世界に普及してしまった

・せめてMVPとしてある地域でのみサービスを開始すればいいのに、いきなり全世界一斉サービスローンチを狙った

・パケット通信ができない

　など、挙げればきりのない数の欠点を誇るこのプロダクトですが、いちばんの問題は、明らかに、ビジネスプランを練っている途中で、事業開発者が、ただ一人の顧客とも真剣に話さなかったことでした。にもかかわらず、その市場調査の予測は正しいとして、PDCAよりはるかに厳密なプロセスを回しながら、破滅に向けて順調に、プロジェクトは驀進してしまったのです。

　イリジウムが世に出た当初、アラスカから加入者が電話するCMが流れたのですが、語るに落ちています。エリートのワールドトラベラーが、アラスカにビジネストリップする状況とはどんな状況でしょうか？　また、企画当初、飛行機に乗っている者同士が通話できるようにエンジニアが頭を悩ませたそうな

のですが、そのユーザ、なぜ、フライトを降りるまで、本当に通話を待てないのでしょうか？　私もかつて２か月に一度海外出張するような生活をしていましたが、部下や同僚との間断ないコミュニケーションから一時的に堂々と解放され、何時間も集中して読書や資料作成に打ち込める時間は何より貴重でした。

　イリジウム社は、ChatGPTの助言に忠実に従い、10年間３度にわたる市場調査を行い、50億ドルを調達して企画から10年以上かけて営々巨大なシステムを構築し、超高品質のイノベーションを起こして、１億4000万ドルもの費用をかけた広告キャンペーンを全世界で張り——誰にも使われないで大破産したのです。もう一度書きます。イリジウム社は、50億ドルをぶち込み、10年以上かけて巨大なシステムを構築し、技術的には途方もないイノベーションを起こしておいて、チャプター11史上ワースト３位に君臨する大破産の憂き目を見たのです。
　そしてその根本原因は、明らかに事業の企画中に、一度たりとも自社ビルの外へ出て、顧客と話さなかったからでした。

　イリジウムの事例が古すぎるという声が聞こえてきそうですが、果たしてそうでしょうか？
　次ページの表に挙げるだけでも、イノベーター、イノベーション企業と呼ばれる人たちによって、大失敗事業は引き起こされています。

事業	失敗の経緯
NeXT Computer by Steve Jobs	高等教育向けのワークステーションは、一部の熱狂的なユーザの圧倒的な支持を得たが、高価・互換性の欠落・アプリケーションの少なさ・中途半端なスペックなど欠点が多く、累計５万台しか販売できず。
Fire Phone by Amazon.com	Kindle Fire tablet がヒットしたため、iPhoneの競合としてローンチ。 $650→$130に値下げしても売れず、Amazon.comは300万ドル分のFire Phoneを廃棄して１億7000万ドルの損失を計上。
Google +	Google独自のSNSとしてスタート。ほかのサービスとの連動でシェアを伸ばそうとしたGoogle+は、PMF達成前の拙速な事業拡大が災いして、サービス停止に。

なぜこのような線形プロダクト開発の悲喜劇が起こるのだろうか、というのが本書の一貫したテーマですが、その根本原因のみ、ここで解像度を上げてはっきりさせておきましょう。

　かつて私がIoTを使用したあるサービスを開発していたときのことです。あるケミカル系の大企業のグループ会社の一社が、ちょうど私たちと同じ製品を開発中だというので、ミーティングを持ち、協業の可能性を探りました。意気軒昂として現れた先方の事業開発者は、自信たっぷりに、

「弊社としてはこの製品に数十万個の需要を見込んでいます、根拠はこれです」

　と、貴重な内部文書をチラ見せして説明してくださいました。

　このときは協業の方向性が見いだせず、この事業開発者と再会するのは、数か月先のこととなります。

　再会したその方は、お世辞にも意気軒昂という雰囲気ではありませんでした。どんよりと目が曇っています。

　訊いてみると、どうも、先方の事業開発はうまくいっていない。言葉の端々から窺うに、どうやら我々と接触していなかった期間に千個単位で製品を造ってしまい、しかもそれがさっぱりはけなくて苦しんでいるようです。

　その打ち合わせで、先方は、驚くべきセリフを口にします。曰く、

「富岡さん、この製品に果たして本当に市場はあるのでしょうか？」

……私は開いた口がふさがりませんでした。

　なぜこのような悲劇がおこるのでしょうか？

　あるSIer（エスアイヤー、システム開発を請け負う企業）兼メーカーの企業のビジネス企画部門の悩みを訊いたことがあります。

　R&D部門が開発して「しまった」シーズが、「なんとか売れる形にしてくれ」と持ち込まれる。

　ほかの事業会社では、営業部隊にこんな命令がはるか上から降ってくるそうです。

　親会社が買収して「しまった」スタートアップのシーズを、なんとか売れる形にして売り上げをたてよ、と。

　両方とも、この指示を受ける部隊は、「そのためにお前らは雇われている」と脅されるそうです、信じられないことに。

　なぜ気づかないのか不思議でたまらないのですが、指示を落とす側は、下のような、スジの通らないめちゃくちゃな要求をしているのです。

「うちらはこのようなカギを造った。これが解錠できるような錠前のついたドル箱を持っている顧客をどこかからなんとしてでも連れてこい。それがお前の仕事だ」

　こんな都合の良いドル箱を持った顧客、世の中に何人いるでしょうか？

　このような理不尽な命令を受けた側が返す言葉は、本来一言でいいはずです。

「知るか！」

この一言だけ言って突き返す、これが世間一般では、誰がどう考えても正しい反応です。これは、明らかに逆ギレではなく、「順ギレ」です。

　これと真逆の方法で大ヒット事業を創った三昭紙業という会社を紹介します。四国にある中小企業三昭紙業は、従来は、社内で企画・検討した新製品を完成品まで仕上げて世の中に出す線形プロダクト開発で新規事業開発を行っていましたが、麻生要一氏のインキュベーター、アルファドライブ社に教導してもらい、同氏の「顧客のところへ300回行け」というアプローチでキャンプキッチンクロスという新規製品を世に出しました。この製品は、そう簡単に洗い場に行けないキャンプ場で、手軽にその場で食器／料理器具の汚れを洗い落とせるところから、楽天でも品切れになるほどの大ヒット商品になりました。このときの開発の様子を、三昭紙業の邑田大悟氏はこう描写しています。

　　「（キャンプキッチンクロスは）まずは『お客様が何に困っているのか？』という課題を見つけた上で、『そこを解決できるような商品を作っていく』という、これまでとは真逆のアプローチでの商品開発となりました」
　　INCUBATION INSIDE インタビュー【三昭紙業】伝統的地方企業の営業マンが挑む新規事業開発[7]

顧客の声を聴きに行くのは、マーケターの役割でも営業の役割でもありません。それは、新規事業開発を行う担当者様が、製品企画を仕上げる前に念入りに行っておくべき活動だということです。

第2章　間違い1　後付けのマーケティングと営業

マーケコストはプロダクトの物足りなさや他社との差別化が足りない現実の税金とも言えるかもしれません。

Coral Capital CEO ジェイムズ・リネイ

本章では、以下の間違いを扱います。

　間違い1　できあがった事業をより売れる形にするのがマーケティングの役割であり、その上で、顧客を説得して拡販するのが営業の責任である。

　ここでまた、問題です。

〈問題〉
　以前、私は、あるクライアント企業から、「PR会社が、御社（そのクライアント企業）の製品イベントに何人の記者が呼べるかで成功報酬をもらおうとしている」と伺いました。これを聞いた私は、世にも不思議な成功報酬の基準だと思いました。それはなぜでしょうか？

　答えは後で提示するとして、この間違いを最初に取り上げるのは、諸悪の根源ともいうべき誤ったコンセプトが、この間違い1に凝縮されているからです。
　間違い1の、冒頭の一言「できあがった事業」の背後には、新規事業を構築する際、事業開発者のなすべき業は、事業計画を立て、その通り開発作業を遂行することだ、という考え方があります。
　では、胸に手を当てて考えてみてください。

社内外問わず、開発された新規事業が、正確に事業計画通りに売り上げを立てて成功に向けて進んでいくところを、あなたは何度見たことがありますか？

　一度でも見たことがあるのなら、あなたは奇跡を目撃したに等しいです。

　新規事業、特に世の中の誰も大々的には未だやったことのない事業について立てられる事業計画は、もれなく計画倒れになります。必ず成功する事業計画を立てるのは、人の業ではありません。あのイーロン・マスク氏ですら、テスラを、資金繰りが悪化してあと２週間で倒産というぎりぎりの状況に追い込んだことがあるのです（稟議などの社内プロセスで「よくできている」と褒めそやされた事業計画は、不思議と失敗する確率がかえって高いということで、経験の長い、複数の事業開発者の見解は一致しています）。

　リーンスタートアップ運動を創始したスティーブ・ブランク氏は、このタイプの事業開発のメソッド、線形プロダクト開発に関して、巧みな表現で、その根本的な問題点を指摘しています。

「線形プロダクト開発は、『撃て』→『構え』→『狙え』の戦略だ」

　これを、私なりの、よりわかりやすい喩えで言い換えます。

「プロダクトアウトは、『式場を予約する』→『デートに誘う』→『求婚する』の戦略だ」

「式場の予約」にあたるのが、製品開発です。「デートに誘う」に当たるのが、PRを含めたマーケティングです。そして、「求婚」が、営業活動にあたります。

　どういうことか、具体例を挙げて説明します。

PRで「デートに誘う」

　セグウェイがアメリカで誕生したとき、あるいは日本に入ってきたとき、どれだけ日米のメディアがそれをどれだけ称賛したか、覚えていらっしゃいますか？　メディアは、「移動手段の革命」と諸手を挙げてセグウェイを絶賛しました。PRには大成功したセグウェイ、しかし、読者は、人生の中で何回、それを見たことがあるでしょうか？　もし本当にメディアの称賛通りだったのなら、少なくてもロボット掃除機並みには普及していたでしょう。

　……全く売れなかったセグウェイは、2020年に生産中止に追い込まれています。

　これが、本章冒頭の〈問題〉の答えです。呼び込めた記者の数という「成功」基準を提案せざるを得ないPR会社の立場はわからないでもないですが、私が担当者なら「なんでそれが『成功』なの？」と、眉を吊り上げて突っ込んでいます。セグウェイだって、膨大な数の記者の耳目を集めたに決まっているではないですか。

　アメリカのメディアでさんざん取り上げられ、「バズりスタートアップ」と呼ばれたFast／ファーストというスタートアップがありました。高級スポーツカーを乗り回すCEOは2021年8月に、最後はジェットスキーのショーで締めくくられた、派手なプレスイベントを張ります。Fastは全米の耳目を集め、創業者は一躍時の人となり、莫大な額の投資がついて、Fastの時価総額はうなぎ登りに膨れ上がります。時価総額は凄まじ

かったものの、肝心な本業のレベニューはさっぱり上がらず、湯水のごとく資金を使ったFastは、2022年4月に倒産します。プレスイベントからちょうど半年後のことです。

すなわちFastも、PRに大成功し、事業に大失敗したのです。

なぜ、こんなことが起こるのでしょうか？

広告のうち、特にマスメディアや電車の車内吊りなどの媒体を使うものは、製品／サービスに念入りにお化粧（「盛りメイク」）して見る人に訴求する行為です。しかし、ブサメンにこてこてに化粧してどんなに大々的に訴求したところで、その男に実際に会った女性の何割が、交際してもよいと思うでしょうか？　よく認知度を上げるという言葉を聞くのですが、顧客にとって魅力のない製品／サービスの認知度を、いくら金を注ぎ込んで上げたところで、長期的には売れるようにはならないのです。すなわち、PRが単体で創造できる市場には上限があり、その上限値は、製品の持って生まれた魅力だということです。

さらに分かりやすくするため、日本の実例を追加します。

公益社団法人全日本印章業協会による、Z世代に対するハンコのアピールと思しき広告を見たことがあります。遠い目をしたアニメのキャラの若い男性が、「はんこって必要？」と考え込んでいる構図です。最下部に「新成人社会人の君たちに」。さて、「ほんとに必要？」を読んだZ世代は、どう考えるでしょうか？　ネット銀行ではハンコレスで口座を作ることができますし、最近は宅配便ですら、ハンコはおろか署名もいらなくなっています。必要ない、と当然考えます。読者の中には、

香港ではトランザクションバンキングの役割すら、銀行がアリペイに取って代わられているということをご存じの方もいらっしゃるでしょう。ハンコは日本古来のトランザクションバンキングの象徴みたいなものですから、この種の広告でいまさら新しい需要など喚起できるわけがないと私は考えます。

　この広告でハンコが、ハンコが本来持っている機能的な魅力以上に、売れることはありません。これがPRだけで創造できる市場にはおのずと限界、上限値がある、の意味です。
　少し戻って、ご自分で事業を開発中の読者の中には、腹を立てた方もいらっしゃるかもしれません、自分の事業企画のどこがブサメンだ、と。そんなあなたに、今や天才マーケターの名前をほしいままにしている森岡毅氏が、ご自分の若い頃の悲惨なエピソードを教えています。
　森岡氏は、P&G（日用消費材メーカー、米国）で初めてブランドマネージャーに昇進し、本社が進めている新規事業の化粧品「フィジーク」の日本におけるテストマーケティングをアサインされたときの話を、『苦しかったときの話をしようか』（ダイヤモンド社、2019年）[8]の中で赤裸々に述べています。フィジークは「WHO、WHAT、HOW、どれもが焦点を外していて、しかもその３つがガタガタであり、ちぐはぐになっている」（上掲書）、誰がどう考えても日本では売れるわけがないひどい新製品でした。しかし、日本でテストマーケティングすることはすでに決定されており、その「やばい案件」を森岡氏

は、玉砕覚悟でやらされることになります。なぜかといえば、「それは当時の世界本社のCEOの肝煎りプロジェクトだったからだ。簡単に言うと、誰も彼に対して『こんなものうまくいかない、やめるべきです』、つまり『あなたは愚かです！』とは言えなかったのだ」（前掲書）。このテストマーケティングは「予定通り失敗」し、詰め腹を切らされかけた森岡氏を、香港人のディレクターが本社に対する大演説と自身の退任でかばってクビを免れさせることになります。

　この話のポイントは、サラリーマンの切なさにあるのではありません。森岡氏がCEOすなわち事業開発者を、愚かだと呼んでいるところです。私もこのCEOは愚か者だと思いますが、同時に、ある事業アイデアにほれ込んで「バカ殿化」する経営者、事業開発者を、私が数多くつぶさに目の当たりにしてきたことも確かです。それは、事業開発がバイアスとは切っても切れない関係にあるから、そうなるのです。

　だから、自分の「バカ殿化」を防ぐため、「式場を予約する」、すなわち製品開発の段階で、あらかじめ多数の顧客と話す必要が、何が何でもあるのです。リーンスタートアップの原則をわきまえたスタートアップの創業者たちは、製品企画を固めきるまでに、直接的／間接的に、ゆうに３桁の顧客と接しています。私自身は、事業計画が固まる前の段階の顧客インタビューを、累計で千数百回経験しています。その経験からいえることは、ブランク氏の指摘どおり、初期段階の事業計画に従ってふるまう顧客など、およそ存在しないということです。言い方を

変えると、自分の作った事業計画がイケメンだと信じ、ほれ込んだら最後、その時点で、大なり小なり、敗戦が確定するということです。

　　「顧客が何を欲しているかを見つける作業の中での難関は、起業家が、その作業の必要性を自覚するところである」（ポール・グレアム氏、Yコンビネーター創業者）

　最初に顧客が何を欲しているかを見つけようとしない事業開発者は、どんな憂き目に遭うでしょうか？
　ソニーからマネックス証券へと転職され、MBAも取得された辻庸介氏が起業されてはじめて創られたサービスは、マネーフォワードではありませんでした。自著の中で、Facebookのマネー版ともいうべき最初のサービス「マネーブック」をローンチしたときの顛末（てんまつ）を、こう記しています。

　　「結果は惨敗。恐ろしいことに、僕らはいきなり誰も使ってくれないサービスをつくってしまった。（中略）思いが強い起業家ほど陥りがちなのかもしれないが、世に出ては消えていくプロダクトのほとんどが、『開発者目線』『提供者目線』に偏りすぎている。『こういうサービスがあったら、きっと喜んでくれるだろう！』という理想が先走りすぎて、ユーザが見えなくなっているのだ」（『失敗を語ろう。「わからないことだらけ」を突き進んだ僕らが学んだ

こと』辻庸介、日経BP、2021年)[9]

　すなわち、式場、それもバカ高い式場を予約してからやおら
デートに誘うのは、いうまでもなく順番が逆だということです。

営業で「求婚する」

　次に営業の部分、すなわち「求婚する」にいきます。

　セグウェイと似たような事例が、日本にも残念ながらあります。ペッパー君です。ペッパー君は、孫正義氏がイスラエルのスタートアップが造った原型を見て気に入り、ソフトバンクグループで改良、完成させ、量産したコミュニケーション型ロボットです。ソフトバンクは、営業がうまい会社で知られています。おそらくソフトバンクロボティクスの営業も、一人当たり何台売れと、ペッパー君を販売するノルマを課せられていたのではないでしょうか。

　目新しさもあり、エスキモーに氷を売るような、ソフトバンクの見事な営業活動によって、BtoBサービスとしてのペッパー君は発売当初飛ぶように売れました。

　しかし2023年の今、ペッパー君を街中で見かける場所は、ソフトバンク系列のお店だけに、ほとんどなってしまいました。BtoBの顧客企業が2期目の契約を更新せず（日経xTECHの2018年の調査によると契約更新した企業は15％）、ついに2020年に生産中止されたからです。いまソフトバンクの社屋には、電源を切られてうつむいたペッパー君が、始皇帝陵の兵馬俑よろしくぎっしり並べられているはずです。

　ペッパー君はなぜ、このように大失敗したのでしょうか？ ソフトバンクロボティクスの営業のフォローアップ努力が足りなかった、ということでしょうか？

　ペッパー君不振の理由を説明するのは、あまり難しくありま

せん。それは、誰がどんな状況でどんな用事を片付けるために
ペッパー君を使わざるを得ない（使える、ではなく、使わざる
を得ない、までいかないと製品／サービスは大ヒットしません）
のか、営業諸氏を含めて、誰も明確に説明できないからです。

　同じく日経xTECHの記事によると、

　　「肝心のお客さま案内という機能を果たせなかった」（小
　　売り）、「顧客の誘導・接客について効果を見込めなかっ
　　た」（流通）

という顧客企業の声があります。

　どんなに孫正義氏に雷のように叱咤激励されたところで、営
業の方々は、契約更新を勝ち取りようがなかった、というのが
実態だったのではないでしょうか？

　突然ですが、あなたは、十四歳年下の吹石一恵氏と結婚する
ときに、福山雅治氏が、全力で口説いたと思いますか？　私は
吹石一恵氏のファンですが、イケメンでもない私なら、全力で
口説いたとして、結婚できたかどうか、正直とても微妙です。
しかし、福山さんは力いっぱい口説く必要はなかったはずで
す。吹石さんは、初共演以来、ずっと福山さんのファンだった
からです。

　福山氏は、自分の魅力に自信があり、相手の意思がある程度
あらかじめ分かっていたから、余裕をもって求婚なさったこと
でしょう。

新規事業開発にも、そっくりのエピソードが多々あります。コロナ禍以降、ウェブ会議でzoom ／ズームを使用している方も多いと思いますが、そのメンバーたちは、実は、日本の市場に入ってくるまで、営業はおろか、顧客企業の導入担当者向けのプレゼンすらしたことがなかったのです（『スタートアップ投資のセオリー　米国のベンチャー・キャピタリストは何を見ているのか』中村幸一郎、ダイヤモンド社、2022年）[10]。

　営業が大事だとおっしゃるＢ to Ｂビジネスに携わる中小企業の経営層や中間管理職に出会うたびに、私はこう尋ねたくなります。

「ということは、御社がGoogle Appsを使用すると決めた際は、Googleの営業に薦められて買ったのですね？　御社でSlackを使用しているのは、Slackの営業にゴリ推しされたからですね？ AWSを使っているのは、AWSジャパンの営業の泣き落としにあったからですよね？」

　AWSもSlackも、米国で創始されたときから、中小企業相手に「数字を作りに」営業を仕掛けたことなどないはずです。なぜなら、お願いしなくても、勝手に顧客が使用しに来るからです。両者ともに、大企業を顧客にする際、ボトムアップ戦略を使用しました。すなわち、末端の、しかし尖った新規サービスが大好きなイノベーター層のエンジニアたちが使用し始め、その数が大きくなった後に、おもむろに購買担当に、アカウントマネージャーが、こうアプローチするのです。

「御社のエンジニアの方々が、これだけのアカウント数、すで

に使っておられますよ。これを公認し、全社的に使用されたら、より生産性が上がるのではないでしょうか？」

　この章で批判している、マーケターや営業が最終的にはなんとかするだろうという考え方を、スティーブ・ブランク氏は『The Four Steps to the Epiphany』[2] の中で、別の巧みな比喩で皮肉っています。

　　「製品さえ出しておけば、あとはなんとかなるだろうという考え方は戦略とは呼べない。それは必勝祈願だ」

　ブランク氏が指摘する、この考えの根本的な欠点は、マーケターも営業も、すでに造ってしまった製品／サービスの企画自体を「ご破算にする」権利を持たされていない、というところにあります。なにせ式場はすでに予約されており、キャンセルするためには莫大な費用が無駄になるので、どうしても今の魅力を針小棒大に見せて相手を口説き落とす必要があるのです。マーケターや営業は、自分が企画にかかわっていない、ブサメンの製品／サービスを、無理やり売れるようにするという、実はとてつもなく理不尽な責務を押しつけられているのです。
　マーケターも営業も、どんなに欠点を糊塗し、顧客を説得しても、ブサメンを福山雅治氏にはできません。ということは、ある新規製品／サービスが売れないとき、その責任のほとんどは、バイアスのせいで愚かになっているかもしれない事業の企

画者にある、ということです。どうです、ビジネスモデルを熟考しない事業開発者の尻拭いをさせられるマーケターや営業が、可哀想に見えてこないでしょうか。

このような指摘をすると、人によっては、
「いや、うちのサービスのビジネスモデルは特殊だから、zoomなどとは訳が違って、営業かけないとスケールしないのですよ」
とおっしゃることがあります。

この発言も、私にとっては大いに謎です。だったらなぜ、人手をかけないとスケールしないような、すこぶる面倒なビジネスモデルを選んだのでしょうか？

「スタートアップとは、急激に成長するようにデザインされた企業である」

これは、世界最強のシードファンドアクセラレーターであるYコンビネーター、すなわち世界で最も新規事業開発に詳しい機関の創業者である、ポール・グレアム氏によるスタートアップの定義です。ここで我々はスタートアップでないから、などと言い訳を重ねるのは生産的ではないでしょう（そもそも新規事業を英語に訳すと、既存組織のそれであろうと、a start-up businessと訳すしかないようです）。スケールしにくいスキームを選んだ最初の時点で、自分にハンデを課していると考えるべきです。

なぜなら、営業に拡販を命じる、イコール、将来的に営業の

数がボトルネックになることが運命づけられている、ということに他ならないからです。最初から従業員万人規模の大企業しか狙わないサービスだとか、特定の職種の人物に直接会って話して購入してもらわないと始まらないサービスだとか、SDGs/ESG関連の事業でスケールを望まないなどという特殊な事情がない限り、ヘッドカウント依存のビジネスを新規で始めるのは、どう考えても悪手というべきです。

　ピーター・ティール氏が創業メンバーに加わっている米国AIのスタートアップ、パランティア・テクノロジーズ（データ分析企業）は、創業してから、ずっと営業部が存在しない体制です。それどころか、CEOのアレックス・カープ氏は、「文系職を雇う予定はない」と宣言しています。この企業のサービスは、非常に大きな組織を狙った超ハイエンドなものです。2022年にウクライナに軍事侵攻したロシア軍は、歴史的に見てかつてない異常な数の将軍を戦死させているという記事が、日本経済新聞2023年2月10日紙面に掲載されていました。同記事では、サイバー戦でロシアが負けたからと原因が分析されていましたが、実態を詳しく述べると、

　　パランティアのAIが、携帯電話網で連絡をとる将軍の位置を特定しているからです。このサービスを、サービス起ち上げ段階から大組織に強力に売り込んだ人間は、ピーター・ティール氏を含めた創業者二人です。ピーター・

ティール氏は、このように大組織に高価格なサービスを売り込むタイプの事業は、営業が一人もいないときが最も機能する、と指摘しています。すなわち、事業開発者自身が、サービスを開発しながら顧客と話すのが、超ハイエンドサービスを最も手っ取り早く売れるようにする体制だと言っているのです（Peter Thiel, "Zero to One – Notes on Startups, or How to Build the Future", Currency, 2014)[11]。

　このレベルでも、事業開発者本人が外へ出ていくほうがずっとスケールするというわけです。

製品／サービスが売れるかどうかは、事業開発者の責任である

通常のプロダクト開発プロセスは、顧客がよくわかっている市場での既存事業と似かよった新規事業にしか適用できない

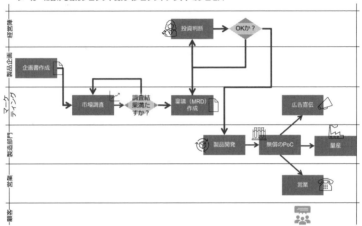

メーカーにおける線形プロダクト開発（プロダクトアウト）のプロセス

　上の図を見ると、この問題が新規事業開発に胚胎する根本原因は、

　①営業部門が、事業開発プロセスの最後の最後で顧客と遭遇する

　②そしてそのときまでに事業企画は固まり、大幅には書き換えられなくなっている

　ことにあるとわかります。

　製品そのものが自分の魅力で市場を拡大していけるだけの力のない製品を「こんなものできたから売れなければお前たちの

責任だ」と上から落とすのは、広告部門と営業部門に爆弾処理を強いているのと一緒で、理不尽きわまりない行為です。

キーエンスはマーケットリサーチも実施せず、いきなり顧客のペインを聞きこみに行く

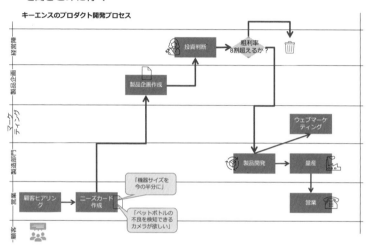

キーエンスのプロダクト開発プロセス

キーエンス（ファクトリー・オートメーションの総合メーカー）は、こんなやり方をしません。

キーエンスでは、いの一番に、優秀な技術営業がいま現場で顧客が何にいちばん困っているのか、徹底的に聞き込みに行きます。そうすると、「機器サイズを今の半分にしたい」「ペットボトルの不良を検知できるカメラが欲しい」といった、非常に具体的なペインが出てきます。技術営業たちは、「それを弊社が解決できるとしたらいくらで購入いただけますか？」と

Willing To Payを確認、それをニーズカードと呼ばれる帳票にメモします。そのメモは、月間数千件、キーエンス内のデータベースに積み上がっていきます。その後ようやく、企画部門が腕まくりして登場します。プロダクトマネジャーは必死にニーズカードを読み込み、市場で手に入る枯れた技術のイネーブラーを組み合わせてこれを実現しようと試みます。そうして出来上がった新規事業企画が、経営陣の目に触れます。経営陣は「顧客の言い値でいいから、粗利率が8割を超えるかどうか」という目でチェックし、稟議を通します。

　ポイントは、営業が最初から関与していきなり数多くの顧客の困りごとを訊きに行き、顧客を必ず満足させると確信が得られるまで、すべて紙ベースで社内の議論を進めるということにあります。その結果、エスキモーに氷を売るような営業努力などまるでしないでも、顧客は「キーエンスの製品はいつも非常に高価だが、最も効果的に問題を解決してくれるし、市場に一択だからな」と、購入せざるを得なくなります。利益率5割を超えるキーエンスの製品開発はこのように進められるのです。

　PayPal ／ペイパル（1998年創業）創業メンバーは、取引を行う個人に対する営業などしませんでした。PayPalはConfinityとX.comという二つのスタートアップが統合されてできた企業ですが、Confinityはサービスをバズらせようとして記者会見を開き、あえなく失敗しています（つまりPayPalは、PRに失敗し、事業に大成功したということになります）。広告の代わりに彼らが張ったのは、全く別のキャンペーンでし

た。「PayPalで取引し、知人を紹介してくれたら、キャッシュバックします」というものです。このキャンペーンのため顧客獲得に一人当たり2000ドルを費やしましたが、顧客ベースは週間ごとに倍々に増えていき、ついには10万ユーザを獲得して、こんにちのPayPalの基盤を築くことに成功します。

　もう25年も前のPayPal創業期ですらそうだったのに、AIが属人的作業をどんどん肩代わりしていくであろう昨今、この古いマインドセットの持ち主が新規事業で成功する可能性は、どんどん減ってきています。読者諸氏には、この考え方は、近い将来ディスラプト（破壊的イノベーションで破壊）される側の考え方だということを、肝に銘じていただきたいと思います。

　ここでもう一つの、あるあるの反論に対して、予防線を張っておきます。それは、
「我々は（あるいは我々の融資先は）顧客志向で、新規事業のマーケット・リサーチ（市場調査）を実施済みだから大丈夫だ」
　というものです。

　これも、とてもリスクの高い考え方です。新市場を狙ったサービスでマーケット・リサーチを実施したら、まず間違いなく、失敗を招き寄せるからです。

　次章では、この間違いを取り上げます。

第3章　間違い2　マーケット・リサーチは頼りにならない

アレクサンダー・グラハム・ベルは、電話機を発明したときに市場調査をしたか？　（マッキントッシュ発売時に記者に「市場調査をしたか」と質問されて）

スティーブ・ジョブズ

本章では、以下の間違いを扱います。

　間違い２　マーケット・リサーチ（市場調査）によって、新規に開発する事業の市場を見積もることができる。

　この考え方が正しいとは限らないことを理解しておくことは、事業の承認者や投資側の方々にとり、重要な意味を持つと考えます。なぜなら、新規事業の資金調達を行うために、企業の担当者が、融資の申し込みの際、マーケット・リサーチ結果を根拠として提示することがありうるからです。
　例によって、まず問題を解いていただきます。

〈問題〉
　今や、マリオット、ハイアット、ヒルトンの３ホテルチェーンの合計を時価総額で上回る Airbnb ですが、その創業から数年間、ホテルチェーンは同社を脅威だとは全く認識していませんでした（ホテル王デビッド・コングの発言による）。これはある意味、やむを得ないことでした。たとえ民泊事業についてホテルチェーンがマーケット・リサーチを実施したとしても、同事業が大成功するという予測結果が全く得られなかったことは間違いないからです。それはなぜでしょうか？

スナップショット調査の無効性

　先日、薬剤師をだいぶ前に引退した義理の姉を含めた親族での食事会をしてきました。そのときに、その義理の姉が、ちょっとショッキングなことを言いました。なんと彼女は、新型コロナウイルスのワクチンを一度たりとも打ったことがないというのです。

　彼女から聞いた、その理由はこうです。

　インフルエンザのワクチンと、コロナのワクチンでは、意味合いが全く異なる。インフルエンザのそれは、昨年流行したウイルスをベースに、今年流行るものを予測して開発、製造されている。ところが、コロナのワクチンは、現時点で流行しているウイルスから開発、製造されている。ここでポイントは、ワクチンの開発→製造→流通にかかる期間にも、ウイルスは人から人へ移ることによって、どんどん変異しているということ。したがって、コロナのワクチンが世に出たころに世に流行っているのは、別物に変異したウイルスであり、何世代も前のウイルスから開発されたワクチンが計画通り効力を発揮することは、ほぼあり得ない。一方でワクチン接種により亡くなっている人がいることからわかる通り、その副反応は人によって異なり、リスクがある。

　要は、スナップショットの調査、対策は、変化するものに対しては無効ということです。これはそのまま、マーケット・リサーチの欠点を端的に説明しています。

「マーケット・リサーチは『過去を予測すること』に長けている」（スティーブ・ブランク氏）

　ナイキはもともと、日本のシューズメーカー、鬼塚（オニツカタイガー、現・アシックス）の製造した靴をアメリカに輸入する業者として始まりました。フィル・ナイト氏がこの事業を始めた当初、運動靴（「ジョギングシューズ」なるものは、まだ概念も存在しませんでした）を履いて街中を走っていると、「なんて酔狂なことをしているんだ」と、飲み物をひっかけられたそうです。

　考えてみていただきたいのです。この時点において、アメリカでジョギングシューズのマーケット・リサーチを行っていたら、いかなる結果が出ていたでしょうか？

　このように、のちのちに大成功した事業に関して、生誕時、市場調査を行っていたら、大成功は望めないと結論されたであろう例は、枚挙にいとまがありません。

　Google創業時、その投資家たちは、既存のネット検索サービスをリサーチし、検索エンジン市場をせいぜい1億ドルと見積もりました。2021年時点の検索エンジン市場は、1670億ドルまで成長しています。

　スターバックスの前身にあたるカフェチェーンIl Giornale／イル・ジョルナーレを起業しようとしたハワード・シュルツ氏は、217人／242人のエンジェル投資家に断られます。投資家が異口同音に言ったのは、「$1.5も出してカフェでおいしいコーヒーを嗜む」習慣は、アメリカ人にはないというものでし

た。「失敗するから、起業なんてやめて、さっさとサラリーマンにもどりなさい」という意味のことを、シュルツ氏は投資家からさんざん言われました。氏は、自伝『Pour Your Heart Into It – HOW STARBUCKS BUILT A COMPANY ONE CUP AT A TIME』[13] の中で、断られ続けた後に、次の投資家に笑顔でピッチするのが非常にしんどかったと述懐しています。投資家たちの懸念は、スナップショットのその時点では、まんざら的を外してはいませんでした。シュルツ氏がかつて勤務したコーヒー焙煎業者のスターバックス社は、シュルツ氏起業の後、ほどなくして経営破綻においこまれるのです。その当時はすでに Il Giornale を成功させて軌道に乗せていたシュルツ氏は、自分をコーヒーの美味しさで感動させてくれたスターバックス社を、1987年にブランドごと買収します。

　Spotify ／スポティファイ（デジタル音楽配信サービス）が世に出てきた当時は、全世界の音楽サービス市場は、冬の時代でした。なにせ、ちょうど、ピアツーピアの音楽シェアサービス Napster が、サブスク化の後に売り上げが十分たたず、倒産した直後です。

　　「レコード会社の状況はさらに深刻化していた。ふたりは
　　毎週、若いアントレプレナーと面談した。彼らはみな音楽
　　業界を救おうと奮闘していたが、成功しているものはひと
　　りもいない。確かに、アップルは2003年以来20億曲を売
　　り上げた。しかし、音楽業界全体で見れば、１年で約10

億ドルの減少が続いている。デジタル販売が成長している といっても、CD売り上げの落ち込みをカバーするまでに は至っていない」(スベン・カールソン　ヨーナス・レイ ヨンフーフブッド、池上明子訳『Spotify——新しいコン テンツ王国の誕生』ダイヤモンド社、2020年)[14]

　Spotifyに投資をつけようとしたヨーロッパのVCクランダム のキャピタリストたちは、当然、周囲の反対にあいます。曰 く、今は音楽業界だけはやめておけ、と。

　上記のいずれの場合も、創業当時マーケット・リサーチを実 施していたら、間違いなくネガティブな結果が出ていたはずで す。

　これらの例に共通しているのは、成功しているプレイヤーの いる既存市場に二匹目のドジョウを求めて参入した事業ではな くて、創業してからしばらくは苦しいことは承知の上で、未来 の大市場を自分で創造してきた、という点です。最もわかりや すいのはGoogleです。当時は多くのプレイヤーが狭い市場でし のぎを削っていた検索エンジン市場に、優れたアルゴリズムか らくる断トツな検索スピードを引っ提げて登場し、自分で検索 エンジン市場をひっぱって莫大な規模まで当初の予想の千倍以 上に拡大しました。そして、その市場の9割を独占しています。 当時は検索エンジンのマーケットリーダーだったAltaVistaを 抱えた企業DEC社は、Google登場後しばらくして倒産してい ますが、その当時誰かがマーケット・リサーチを行っていた

ら、報告書の中で、間違いなくダビデ対ゴリアテと形容されて
いたことでしょう。

　なぜこんな、一見奇妙と思える現象が起こるのでしょうか？

Airbnbは市場を自ら創造した

　p54の〈問題〉に戻って、Airbnb創業時の2008年に、ホテルチェーンがPCや携帯電話でしか予約できない民泊サービスのマーケット・リサーチを行っていたら、どのような結果を得ていたか、予測してみましょう。下図を見ながら以下の説明を、理解してください。

Airbnb創業年2008年に、ネットでしか予約できない民泊サービスの市場をホテルチェーンが市場調査したとしたら、間違いなくそこには全く市場がないとされた[15]

2021年に、マリオット＋ハイアット＋ヒルトンを上回る時価総額に達したAirbnbの生み出した市場

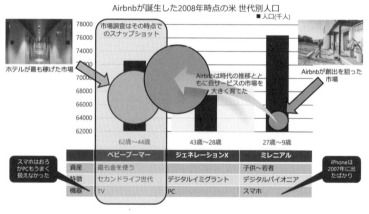

当時のホテルチェーンのアメリカ国内の主要な顧客は、7千万人もいた、当時44歳以上のベビーブーマーたちでした。彼らはアメリカ史上初のセカンドライフ世代と呼ばれ、今のキャリアに一区切りつけ子どもが巣立ったら、牧場でも持って余生

を過ごそうと考える人たちでした。年齢的にもいちばん資金に余裕のある世代であり、志向としてもレジャーに金を注ぎ込むことをいとわない上客が膨大な数いるのですから、ホテルチェーンとしてはいかに莫大なマーケットだったか、想像がつくと思います。一方で彼らは、スマホはおろか（前年の2007年にiPhoneが登場したばかりです）、PCもろくに使えない世代でした。彼らにとって電子機器と言ったら、液晶テレビだったのです。

　こうした、今ならデジタル難民とくくられてしまう世代に対してマーケット・リサーチを敢行し、PCか携帯電話でしか予約できない民泊サービスを使うかどうか尋ねたら、どうなるでしょうか？　結果は火を見るよりも明らかです。

　ここではホテルチェーンが行った架空の市場調査の話をしているのですが、実際に、Airbnbの事業に対して、同じようなことを行った投資家は、Airbnbの創業者ブライアン・チェスキー氏にこのようにメールしています。

　　「やあ、ブライアン。返信が遅くなって申し訳ない。わが社でこの案件を議論する機会があり、残念ながら、わが社にとって、投資面から○○社にとり順当な（投資）機会とはなりえなかった。（Airbnbの）潜在的な市場機会は、我々にとり必須のモデルを満たすほど大きくは見えない」

　実際、この投資家の判断が正しかったと捉えられる結果もで

ているのです。Airbnb登場前から民泊サービスのプラット
フォーマーとして存在したVRBO（Vacation Rental By Owner）
やカウチサーフィンといった事業者は、今に至るも、爆発的な
成功は達成していません。

　一方で、Airbnbの創業者たちが狙っていた市場は、若い彼
らと同世代のミレニアム世代でした。彼らは技術のアーリーア
ダプターであり、でたばかりのiPhoneに熱狂していました。
ただし、この当時は最年長でも27歳、つまりは子どもで、当
時は最もお金を持っていない世代でした。Airbnbは、この世
代の顧客の気持ちを理解し、数年後の市場を自分たちで創造す
べく、コツコツとサービス改良を繰り返していきます。折から
のサブプライムローン危機により大量の遊休不動産がAirbnb
に登録されたことが逆に追い風となり、Airbnbは、創業後３年
で、Product ／ Market Fit（大ヒット満員御礼状態）を達成
したといわれています。2020年に上場したときの時価総額は、
10兆円を上回りました。

マーケット・リサーチの原理的欠点

　ここで問題は、マーケット・リサーチは、①現時点での主要な顧客セグメントに対して②その時点でのスナップショットの結果を得るために実施される、ということです。

　一方でAirbnbの創業者たちは、創業者たち自身が実地に顧客の声を聴いて回り、その要望に合わせて、より売れるものへとサービスを変えていきました。自分たちのサービスを変え、その結果、顧客を教育することによって市場を変えていっているのだから、サービス開始時の調査結果とは、まるで異なる状況になるに決まっています。

　ここで気づかれた方もいらっしゃると思います。当時のホテルチェーンが直面していた事態は、典型的なイノベーションのジレンマでした。サービスを主要な顧客にばかりフォーカスしその要望ばかり聞いていると、破壊的イノベーションを起こした競合にいつの間にか追い抜かれて、気づいたときは逆転が利かなかくなってしまうという現象です。

　マーケット・リサーチには、このように原理的に致命的な欠点がありますが、それをご存じない方でも、もう一つの欠点をわきまえている場合があります。

　それは、マーケット・リサーチの結果は外れることが往々にしてある、という点です。

　1990年代後半に開発された、モトローラ社の衛星電話サービスイリジウムは、当時としては唯一、ヒマラヤの山の上だろうが南極だろうが、本当にどこでも確実につながる携帯電話と

して鳴り物入りでデビューしました。モトローラはむろん、莫大な費用をかけて事前にマーケット・リサーチを実施し、最後に調査を依頼されたA.T.カーニーは、イリジウムには4200万人の潜在顧客がいると結論付けました。いざサービスを開始してみたら、獲得した顧客数はたったの5万人。100万人に使用されてはじめて損益分岐点に達することができたイリジウムは、サービス開始後、たった半年強でチャプター11を申請するに至ります。

究極の線形プロダクト開発の失敗事例として知られるイリジウムの事業開発で、マーケット・リサーチは、このように大幅に予測を外していたのです。

にもかかわらず、なぜ、マーケット・リサーチを、コンサルティング会社やリサーチ会社などに依頼する企業が後を絶たないのでしょうか？

まず、受注側の意識の問題です。「科学的に」マーケット・リサーチして得られた結果を錦の御旗に、社内外から資金調達を行いたい事業開発者が一定数存在する、ということです。自分たちの声だけでは根拠が薄弱なので、自分のやりたいことを実現するために必要な額の稟議をとおすためだけにマーケット・リサーチを実行する。当然、その空気を読んだ業者のほうは、事業がうまくいく方向のデータばかり集めようとします。

また、受注する側にもジレンマがあります。コンサルティング会社は、この事業がスケールしたら成功報酬を、という契約には、できません。ただでさえ、新規事業が成功する確率はと

ても低いですし、事業の成否は、事業開発のやり方にいくら口うるさく指摘を加えたところで、最終的にはクライアント企業の能力（正確には事業開発社の能力）依存になってしまいますから、リスクが大きすぎるのです。しかし、マーケット・リサーチの結果を提出して支払いを受けるという契約なら、結べます。実際、イリジウムのときも、三つのコンサルティング会社が、モトローラから莫大な報酬を受け取っていました。つまり、たとえコンサルティング会社側がマーケット・リサーチという手法がおのずと持っている矛盾や限界を意識していたとしても、その問題を正面から指摘して、この案件は受けられませんとは、口にしたくても口にできないのです。だから、マーケット・リサーチはぜひ当社にお任せください、という業者ばかりになるのは、これはやむを得ないことです。

すなわち、最悪のケースでは、受注側も発注側もぐるになって、全く価値を生み出さない無駄金を投じ、マーケット・リサーチという、茶番としかいえない所業を演出しているのです。

この、一定以上踏み込んだコミットメントができないから、長期的にはクライアントのためにはならない案件を受けざるを得ないコンサルティング会社の状況を、私は「コンサルティングのジレンマ」と名付けています。ほかの章でもときどき登場する概念です。

さて、マーケット・リサーチに頼れないとなったら、いったいどんな方法で事業の先行きを予測すればいいのでしょうか？

残念ながら、予測なんかできない、が答えになることは、こ

こまで読んでくださった読者には自明でしょう。事業開発している間中、マーケットは刻一刻と変化するからです。

マーケット・リサーチの代わりに行うべきこと

　Airbnbの事業が、まだ小さかったときの話です。創業者が自ら、あるホストの部屋を、高価なカメラをレンタルして撮影しに行った時のことです。

　ホストがお茶に誘ってきました。コーヒーを一緒に飲んでいたら、こう話しかけてきたそうです。

　　「私は、長いこと民泊のホストをやってきたんだ。いろいろなゲストが泊まっていった、その記録をノートにまとめてるんだけど、見てみたい？」
　　（以上は、YコンビネーターMDマイケル・サイベル氏のYouTube動画内の発言による）

　マーケット・リサーチで、このような宝の山が発見できる機会は、どの程度得られるでしょうか？

　Airbnbの創業者たちは、創業まもないころ、自分たちのアパートに顧客たちを泊めていました。また、Yコンビネーターのバッチに参加していた当時、自分たちが住んでいる西海岸から、自分たちのサービスを使って、毎週末、最もホストの多かったニューヨークに飛んでいました。その後も、創業者の一人は、一定期間、民泊だけで生活し続けたりしています。つまり、ゲストの心境にもホストの気持ちにも精通していたのです。そしてその間、実際に体験し、顧客と話してみないと得られないインサイト（洞察）をもって、たえず自分たちのサービ

スを改良し、磨き続けたのです。

　新市場を創出するタイプの新規事業に、マーケット・リサーチは百害あって一利なしです。その代わりになるのは、変化する顧客の声に、常に耳を傾け続けることだけです。

　ここで、マーケット・リサーチとは全く異なるアプローチで資金を勝ちとり、大成功した、米国のスタートアップを紹介します。

　ジョン・セバスチアニ氏は、ワインに合う、品質の高い栄養価の高いビーフジャーキーが市場で手に入らないことに不満を持っていました。スーパーで買えるのは、安い、簡単なおつまみにしか使えないジャーキーだけ。スティーブ・ブランク氏のリーン・ランチパッド・コースに参加しながら、セバスチアニ氏は、高品質ジャーキーを造る会社を起業します。まずいろいろな手を使って、様々な人間にインタビューをします。予想よりはるかに、彼らは、低品質のジャーキーしか手に入らないことに不満を持っていました。同氏は、ワインの展示場で自分のブースを高級ワインのそれの隣に出し、試作品で顧客の反応を確かめたりもしました。同氏は、その顧客インタビューの記録をもって、アメリカの大手スーパーマーケットチェーンのもとに行きます。スーパーは安かろう悪かろうのジャーキーで棚が埋まっていますが、顧客インタビューの記録に説得力を感じた担当者は、自分たちのスーパーの棚に、セバスチアニ氏の作っ

た高品質ジャーキーを並べることに同意します。こうして無事、50万ドル分の受注に成功します。次にセバスチアニ氏は、この発注をエビデンスとして、そのほかのスーパーマーケットチェーンを回り、次々に発注を獲得していきます。最後に、ここからは私の推測も含まれますが、セバスチアニ氏は、この売り上げの記録を証憑として、投資家のもとを訪れ、自分たちの高品質ジャーキーを大量生産するのに必要な施設を造るための資金を調達したはずです。これが、クレイブジャーキーの成功物語の始まりです。

　ここで気を付けていただきたいのは、セバスチアニ氏が、線形プロダクト開発の真逆の、以下のようなプロセスを通っている、ということです。

　ステップ1　事業計画策定の前に、まずは顧客にあたる
　ステップ2　顧客のフィードバックに基づいて事業計画と試作品を作成（事業企画）、事業計画をフィックスしないまま、引き続き顧客にあたる
　ステップ3　インタビューの記録をもって、（量産体制もないのに）プレオーダーをとりつけてしまう（営業）
　ステップ4　プレオーダーを証拠として資金調達、すなわち、稟議を通して、量産体制を整える（製品開発）

　この逆転メソッドのメリットは、事業開発側にとっても、投資側にとっても、はかり知れません。すでに50万ドルもの発

注が確定しているのだから、少なくとも50万ドル分はほとんどリスクがありません。また、アメリカで広く店舗を展開する大手スーパーマーケットチェーンからの発注を得ていることで、自信をもって、将来の展開も予想できます。

　実は、私は起業したとき、似たやり方で、ある地銀に口座を開くことに成功しています。起業時にある都市銀行の口座開設に失敗した私は、ネット銀行以外に口座を開設して社会的信用を得るという目的を達成するため、まずは旧職場である大手コンサルティング・ファーム（このグループ会社の名を知らない金融機関は、およそ存在しません）などからいくつかの発注を得、そこからエビデンス付きで確実性の高い事業計画を立て、その事業計画をもって日本政策金融公庫から希望金額満額の資金を調達、その資金を入金するための口座の開設を、その地銀にお願いしたのです。とてもスムーズに、口座を開設していただけました。

　このやり方は、財務諸表の記録が全くと言っていいほどない新興企業への融資にも、御社自身が新しい事業を起こされるときに稟議を通すときにも応用できる考え方です。マーケット・リサーチの代わりに、このような工夫をされるといいと思います。

　さて、最後に、こんな疑念の声が聞こえてきそうです。
「新市場を創出するタイプでない事業で、他社の成功事例をよく分析すれば、新規事業は成功するはずだ」

この考え方もまた、企業が陥りがちな陥穽です。次章ではこの考え方の誤りを指摘します。

第4章　間違い3　成功事例を参考にしても成功するとは限らない

我々は本当のところ「知りたい」のではなく、世の中が不確実性に満ちているからこそ、「自分を安心させるために他人と同じ事を信じたい」のだ。

　　　　橋本卓典『捨てられる銀行3　未来の金融「計測できない世界」を読む』講談社現代新書、2019年[20]

本章では、以下の間違いを扱います。

　間違い3　成功事例を調べてその例にならえば、大ヒット事業を創れる。

成功事例の研究は、必ず成功を生み出すか？

　大手コンサルティング・ファームに属していたころ、とても奇妙なある質問を、いろいろなクライアントから、何度となくいただきました。それは、

「成功事例をください」

　というものです。

　そのたび私は、それはいったい何のために使うのですか？と聞きたくて仕方ありませんでした。

　ここでは、他社の成功事例に倣(なら)って2005年に始まった、NTTドコモ社のサービス「プッシュトーク」から語り始めたいと思います。サービス開始時の北米の携帯電話通信キャリアは、パケット通信を用いてトランシーバーのように話すPush To Talkサービスを導入し、これが大きな利益を生み出していました。この「先進事例」に倣ったNTTドコモは、同じサービスを自社に導入します。私は当時携帯電話通信が専門でしたから、ドコモが大々的に流していた"Play! Push! Talk!"というテレビ広告のキャッチフレーズを未だによく覚えています。当時としては珍しく、5人で同時に会話することも可能。ただ

し、トランシーバーと一緒で、プッシュして発言権を得る（しかもタイミングが悪いと発言権を得るのに失敗する）という北米ではヒットしたかもしれない原始的な方式が、ソフトバンクの定額制を知っている日本のユーザに受け入れられるはずがありませんでした。1プッシュ5.25円の有料から値段を下げ、ついには定額制へと移行するなど、ドコモはなんとかサービスの命脈を保とうとあがきました。開発費と広告宣伝費だけでも半端ない投資を注ぎ込んだはずのサービスは、しかし、5年であえなく終了となります。サービス晩年の2010年の月間利用者数は、10万人程度。2010年時点でドコモの加入者数は約5700万人、したがってこの事業は、大失敗といっていいでしょう。

　すなわち、成功事例を参考にしてサービスを創り、自分たちは失敗した事例ということになります。こんな失敗事業は、山のように世の中にあります。

対極的な二つのハンバーガーチェーン

　米国西海岸に居をおく、日本市場には試験的にしか入ってきたことのない、In-N-Out Burgerというハンバーガーチェーンがあります。私のアメリカ人の友人たちが、こぞっていちばんおいしいと褒めたたたえるハンバーガーです。私はかなり昔に、サンフランシスコ界隈で一度だけその店舗に入った記憶があるのですが、シンプルだが強烈に新鮮な味だったことを今でもよく覚えています。確かに強烈においしかったです。

　このIn-N-Out Burgerは、ファストフード市場に参入したとき、当時のマクドナルドとは真逆のアプローチを採りました。当時のマクドナルドのメニューは、55種類もの商品が並ぶほど多岐にわたったものでしたが、In-N-Out Burgerは、たった3種類のハンバーガーで勝負しました。すなわち、TTP（徹底的にパクる）戦略を採るどころか、成功事例、ベストプラクティスに徹底的に逆らう戦略を採りました。

　もう一つ、これは日本の事例ですが、コロナ禍が最も厳しく日本全土を席巻していた2020年に、アプリからの注文とキャッシュレス決済で非接触を徹底した、テイクアウトオンリーのハンバーガー店、「ブルースターバーガー」が開店しました。マクドナルドと変わらぬ値段で原価率の高い高級な店には客が詰め掛け、一世を風靡しました。こののち、このハンバーガーチェーンの渋谷宇田川店は、成功事例に倣います。すなわち、飲食店におけるベストプラクティスである、「店内がにぎわった雰囲気」をかもしだすため、現金に対応したレジを

店頭に設置、メニューを見栄えのするものに一新、テイクアウト一辺倒だった既存店舗と異なり、出来立てを食べてもらえる50席の座席も用意しました。飲食店の王道をいく戦略でした。

　In-N-Out Burgerは、一時期はマクドナルドをぶっちぎる繁盛を見せ、未だに西海岸の人たちに愛されています。一方で後者の日本の事例、ブルースターバーガーは、開店後しばらくして渋谷宇田川店を閉店、最終的にはたった２年余りで飲食事業からの撤退の憂き目にあいました。座席を設け、ゴージャスなメニューにすれば、当然、飛躍的にコストはアップします。せっかくいままでテイクアウトのみに絞って材料費以外の原価を下げ、顧客を開拓してきたはずが、ベストプラクティスに倣って戦略がぶれたため、たちまち他の飲食店と変わらないハンバーガー店にしか見えなくなったのです。ましてや場所は飲食店ひしめく渋谷、既存の飲食店とベストプラクティスで真っ向勝負して、後発で、さしたる特色のない新興が、おいそれと勝てるはずありません。ブルースターバーガーの失敗はコロナ禍の影響が小さくなってきたことが原因の一つと考えられなくもありませんが、もっと最近では、マクドナルドと真正面から同じ戦略で戦ったロッテリアが事業が立ち行かなくなってゼンショーに売却されたという事例もあります。

　この二つの事例は、いろいろな示唆を与えてくれます。

　In-N-Out Burgerは、強者の真似をしない、いわゆるランチェスターの弱者の戦略を貫いて成功をつかみ取りました。彼らがマクドナルドに勝てたのは、自分たちの強み（おいしいハ

ンバーガーはとことんおいしく作れる）と弱み（あまりメニューを増やすとリソースがおいつかないし、高価格になってしまう）をよくわきまえて、大手の競合他社のひそみに倣うことなく、自社の方針を貫いたからです。

　ブルースターバーガーは逆に、せっかく弱者の戦略で市場に参入、DXに大成功してスタートは絶好調だったにもかかわらず、自社の戦略および強みと弱みを忘れて「既存の競合他社の王道」に走り、渋谷宇田川店で事業に失敗を喫しました。また、コロナ禍によるテイクアウトのブームは一過性かもしれないというリスクは最初から気づいていたはずですが、一般的な飲食店への先祖返りという誤ったリスクヘッジを行ったため、飲食事業からの撤退を強いられました。

　私が、成功事例に倣うのは得てして百害あって一利なしと考えている理由の一端が、ここまで挙げた事例でお分かりいただけたのではないかと思います。

成功事例のある市場には、すでに強いプレイヤーが確実に存在する

　ブルースターバーガーの事例で重要なポイントの一つは、せっかくいままでは「新興」としてうまくいっていたのに、成功事例の真似をしたとたん、「後発」になり下がったところです。

　これは、よく考えると、すこぶる当たり前のことです。

「成功事例に倣うことができる＝強力な競合（成功事例）が大きな部分を占めている市場にわざわざ参入しようとしている」

　ということに他ならないわけですから。真っ向勝負したら、その牙城を崩さないといけなくなるのは必然です。

　2020年8月17日の日本経済新聞に、「食事宅配大競争、ウーバー・出前館をスタートアップ追う」という記事が載りました。タイトルを見た瞬間私が思ったのは、「日本のフードデリバリー業界に今いるプレイヤーのいくつかは、早晩撤退においこまれるだろう」でした。私の悪い予想はあたってしまい、ドイツのフードパンダは日本市場から撤収、NTTドコモもあっという間に事業を引き上げています。スタートアップの「Chompy」も、2023年3月をもって営業を停止しています。

　その記事の筆頭に挙げられているプレイヤーの出前館は、コロナ禍の需要を受け売り上げは順調に伸ばしてきているものの、2022年も大幅赤字をずっと強いられています。あまりに競合が多いから値段が上げられず、かといってギグワーカーの給料も下げられず、消耗戦を強いられているのです。すなわち、一見華やかなフードデリバリー業界の実態は、レッドオー

シャンということです。

　ちなみにこのレッドオーシャンに、Ｙコンビネーターから誕生したユニコーン、DoorDashだけは、特殊なやり方でアプローチしています。最初に入り込んできたのが東京や大阪でなく仙台で、そこで実験を重ねておいて、2023年2月現在に至るも都心ではサービスを展開せず、埼玉県など人口密集地のリモートワーク拠点で事業を育てています。これも成功事例をパクらない、顧客の教育が必要であることを意識した手法で、私はDoorDashの動静に着目しています（日本では2022年6月にWoltへとリブランドしたようです）。

大成功事例は、成功事例のない市場にこそ誕生する

　大成功を勝ち取った事業に限って、必ずと言っていいほど、すでに成功事例があるところには、創造されていません。

〈問題〉

　ジェフ・ベゾス氏がAmazon.comを創業した際、オンライン書店業界はどんな状況だったでしょうか？

　答え：成功事例が一つもありませんでした。ベゾス氏は、当時のECサイトを調べて、オンライン書店のみ今のところ成功事例がないから、当たれば大きいと考えたのです。

　ウォルト・ディズニーがテーマパークを企画した当時、欧米のたくさんの遊園地や動物園を見て回るのにさんざん付き合わされたウォルトの妻は、こう言いました。

　　「『一体なぜ、遊園地なんか作りたいの？　どこもかしこも、汚らしいところだらけ』

　　　ディズニーは、まさにその汚いということが問題で、自分が作る場所はそこが違うのだと説明した」

　　（能登路雅子『ディズニーランドという聖地』岩波新書、1990年）[21]

　イーロン・マスク氏がテスラ・モーターズ社に最初の投資を付けた2003年は、史上初の商用EVであるGMの「EV-1」が、

２千数百台しか生産されないままプログラム停止に追い込まれた、まさにその年でした。成功事例どころか、直近に大失敗事例しかなかったわけです。これがテスラが生まれてから長い間、日本を含めた世界のオートメーカーや業界の専門家が、テスラをばかにし、テスラに大きな投資をつけたVCが業界全体から諫止された理由です。

　Spotifyの事業にも、そっくり同じことが当てはまります。前述のとおり、Napsterが事業に失敗した直後に、レコード業界に打って出たのがSpotifyだったのですから。

のちに巨大な事業へと発展する事業は、必ずといっていいほど、アイデア誕生時、投資家・業界の大多数に反対／馬鹿にされている

スタートアップ	起業家	直面した状況
スターバックスの前身 Il Giornale	シュルツ氏	217人／242人のエンジェル投資家が、非現実的アイデアだとして投資を断った
The Facebook	ザッカーバーグ氏	創業期資金難、アクセル・パートナーズ以外のVCは投資しようとせず
Tesla Motors	ストラウベル氏	DBL Partnersが投資を付けたとき、投資家たちに「狂っている」といわれた
Airbnb	チェスキー氏　ゲビア氏	Google出身の投資家にカフェで事業アイデアを聞いてもらったとき、その投資家は飲み物に手を付けず、いきなり立ち去った
Spotify	エク氏	投資を付けようとしたVC、クランダムのパートナーは、多くの投資家たちに「音楽業界にだけはかかわるな」と助言された

　そして、これも前に登場した、スターバックスもしかりです。それ以前のスペシャリティコーヒーのチェーンの成功例と言っ

たら、ノードストロームというチェーンがシアトルのみで繁盛していたにすぎません。多くのエンジェル投資家が、シュルツ氏の事業計画を無謀と評したのは、成功事例が見当たらなかったからです。

このことを踏まえて、著名な投資家にして起業家であるピーター・ティール氏は、こう言っているのです。

「こんにちのベストプラクティスは、袋小路へとつながっている。ベストパスは、未だ誰も通ったことがない新しい道だ」

ブルースターバーガーがたどったベスプラの道は、まさに袋小路へと突き当たりました。もともと、材料の原価率が高くても回るモデルを意図的に構築したことを忘れて、渋谷という地価が高い土地に賑わいを演出しようとしたのですから。

「キミさ、既存の成功例に基づいて、真っ当なプランを作り直したらどうだ？」
（さだやす著・深見真ストーリー協力『王様達のヴァイキング』3巻、小学館、2014年）[18]

『王様達のヴァイキング』は、ちょっと前の日本のスタートアップとサイバーセキュリティ業界の様相を、リアリズムにとんだ描写で浮き彫りにした傑作漫画で、このセリフは、その中

で、ある投資家が口にするものです。主人公のメンター役のエンジェル投資家の回想シーンのひとコマで、そのエンジェル投資家が、若いころに自分のスタートアップを起ち上げようとして、資金調達のため投資家のもとを訪れたときに、言われる言葉です。ビジネスプランを読んだ投資家は、市場規模も読めないし、想定が非現実的だと一蹴したのです。

シュルツ氏が投資家に言われ続けたセリフと、寸分変わらないことがお分かりになるでしょう。そして、ここに透けて見える、成功事例のあるビジネスモデルが「真っ当」だという考え方は、いま論破した通り、実は全く根拠不明な思い込みなのです。

ベゾス氏は2022年に、古い雑誌の表紙を撮影したツイートを流しています。その雑誌は、Amazon.comは果たしてうまくいくのか？　と疑問を呈しています。前例のない「真っ当でない」事業だからでしょう。ベゾス氏は、「これはAmazon.comの先行きが暗いと予測した多くの声の一つにすぎない」という意味の言葉を写真とともにツイートしています。

私はベゾス氏の、古雑誌を紙面が黄色くなるまで執念深くとっておく気持ちがありありとわかります。そのとき、氏は思ったはずです、「今に見ていろ」と。

二匹目のドジョウ戦略に成功の保証などない

　さて、ではなぜ、これほどにも、成功事例をみんなそろって探し求めるのでしょうか？

　その背景にある考え方のうち一つは、

「成功事例をパクれば、少なくても小成功は勝ち取れるのではないか？」

　という考え方です。

　このようなやり方を戦略コンサルタントが企業に実行させようとすると、「成功事例分析に基づく競争戦略の策定」とか、えらく御たいそうな名前がついてしまいますが、平易な日常語に直しますと、

「他社の芝が青く見えるから、それに倣って、うちも二匹目のドジョウを掬いに行こう」

　戦略というわけですね。

　紳士服業界からネットカフェ業界へとピボットしたAOKIのように、徹底的にパクる戦略である程度は成功している企業もありますから、一概にすべては否定できませんが（ちなみにAOKIは、コロナ禍でネットカフェ事業において苦戦中）、この考え方には、少なくても３つの陥穽があります。

　①競合他社の成功を支えているコア、その会社の強みは、実質的にコピー不能であるケースが多々ある
　②その市場が一時的な流行で存在する場合、その事業の成功も一過性である

③コピーに成功したとしても、成功事業がある業界では、先行者利益を享受するマーケットリーダーから市場を奪うのは難しい

　まず、①についてです。
　徹底的にはパクりきれず、事実上失敗した事業の例を挙げます。白物家電メーカーとして勇名をはせたバルミューダが、2020年、バルミューダフォンというプロダクトをひっさげてスマホビジネスに参入してきました。このことを知った私は、早い時期に自分のブログで「この事業はこの形では大成功は勝ち取れない」と予言しました。残念ながら、バルミューダフォン登場から半年足らずで、この予言は当たってしまいました。バルミューダフォンを扱っているソフトバンクが、期間限定とはいえ、実質1台1円で売ったのです。そして2023年1月、Yモバイルも、14万円のバルミューダフォンを、2000円程度で売り始めました。どうみても、在庫をなくすための投げ売りとしか見えません。再販するソフトバンクに、バルミューダフォンの在庫の山がうずたかく積み上がった状況で、寺尾社長は、バルミューダフォンのサポートとその後継機の開発の中止を宣言することになります。
　寺尾社長はスティーブ・ジョブズ氏を崇拝しているようで、バルミューダフォンは特に、価格設定を公示してすぐに変えたりと、真似しなくてもいいところまでiPhoneを真似したプロダクトとして世に出ました。ところが、結果は、他のスマホに

比べて、せいぜい持ち運びしやすい程度の機種にとどまってしまいました。

　iPhoneには、特にビジネススキームにパクリにくい要素がたくさんあるのですが、それは私のブログを参考にしていただくとして、バルミューダが「ジョブズ万歳！」で玉砕した最大の要因は、「デザイン、使いやすささえ優れていれば、少なくともある程度はiPhoneの成功が再現できる」と、根本的に勘違いしたことです。

　2007年に初めて世に出た初代のiPhoneがどれほどぼろぼろの製品だったか知っている人は、日本にほとんどいないでしょう。まず、当時ですら3Gが当たり前だったのに、EDGEという2.5Gしか使えませんでした。有名なジョブズ氏のiPhoneのプレゼンの中に「サクサクネットできる」という感じの表現が出てきますが、あれは全くのはったりだったのです。そして今からは信じられないですが、AppStoreが使えず、使用できたのは、Appleプロプライエタリ（独自製品）の10種類程度のアプリだけでした。さらには、動画は撮れない、ガラスが割れやすい、バッテリーが短時間しかもたない、ハードディスクは狭い……と、今から考えると、長所らしき長所がまるで見当たりません。これが世界経済史上、最も売れた消費財まで上り詰めたのは、スティーブ・ジョブズ氏という天才がいきなり素晴らしい天啓を得たゆえでは決してなく、Appleという会社が、ハードウェアは年に一度、OSは無数にアップグレードして、倦まずたゆまず同機を洗練させてきた、その莫大な努力の結果

です。バルミューダは、そこが根本的にわかっていなかったように見受けられます。

さて次に②の、

「②その市場が一時的な流行で存在する場合、その事業の成功も一過性である」

ですが、これは、近年ブームとなった、タピオカと生食パンを例に挙げれば簡単に理解できるでしょう。

タピオカは、流行の火付け役であったGONCHA以外のプレイヤーは、次々と閉店を強いられています。GONCHAは、自分たちはもともと名前通り台湾のおいしいお茶を売る会社で、タピオカは最初から付け足しにすぎなかったと言わんばかりに、タピオカブームが下火になっても、元気に新規出店をしています。

砂糖と牛乳を多めに使用すれば基本的にはベーカリーなら誰でも焼ける生食パンは、店舗が次々と潰れています。筆者の最寄り駅の近くにも２店舗でき、うち１店舗は開店時には午後に行けばすでに売り切れという盛況でしたが、２年もたずにあっさり二つとも閉店しました。

いま盛り上がっている市場に参入したいと思うのであれば、それがトーンダウンした後にどうするか？　も考えておかないと、事業開発者としては無責任というものです。企業が追い求めるべきは、短期的売り上げに沸く状態ではなく、ゴーイングコンサーンなのだから。

最後に③です。

「③コピーに成功したとしても、成功事業がある業界では、先行者利益を享受するマーケットリーダーから市場を奪うのは難しい」

Amazonエコーをおもちの方は、「Amazon.comの最大の失敗事業は何か？」と訊いてみてください。きっと、「Fire Phoneです」と答えてくれると思います。

バルミューダフォンと異なり、Amazonが2014年に発表したFire Phoneにはショッピングに特化した、ビジネススキーム上それなりの差別化ポイントをもっていましたが、デザインはiPhoneのそれを強く意識したものでした。結果として、二束三文の投げ売りをしてもさっぱり在庫がはけず、Amazon.comは売れ残った8300万ドル分ものFire Phoneを廃棄し、1億7000万ドルの損失を計上するに至りました。Fire Phoneに対して、Apple側は対抗策らしい対抗策をとった形跡はありません。おそらく、まるで眼中になかったでしょう。The Bezos LetterはこのFire Phoneも、のちのエコーなどにつながるa successful failure（成功に満ちた失敗）であるといっていますが、どう見てもこればかりはこじつけです。pets.comなど自分が犯した失敗事業をいつも堂々と語るベゾス氏が、このFire Phoneに関しては私が知る限り口を緘して語らないところからも、ベゾス氏自身もこればかりは「やってしまった」と歯噛みしていたに相違ありません。

以上をまとめますと、柳の下にはドジョウが全くいないか、いても小さい、ということになります。すなわち、成功事例を

分析したり、競争戦略にしたがってサービスを開発したりする
ことは、リスクを軽減するどころか、大幅に増大させることが
多々ある、ということです。

成功事例に基づく事業計画立案は安易である

　はっきり申し上げるなら、このように指摘するしかありません。成功事例を参照すれば、稟議が通りやすかったり、資金調達が容易だったり、社内で味方が得やすかったりするのかもしれませんが、そんなこと、顧客の知ったことではありません。不思議で仕方ないのですが、**稟議を通りやすくするためにサービスを売れにくくしてどうする**のでしょうか？

　実はこの背後にも、「コンサルティングのジレンマ」が強く働いています。コンサルタントが「うちも二匹目のドジョウを掬いに行こう」戦略に「競争戦略の策定」とか立派な名札をぶら下げたがるのは、それしかできないからです。コンサルタントはもともと事業開発など自分ではやったことがないから新規事業開発の伴走など決してできませんが、他社事例の分析は、これはデータがあれば、事業開発の素人でもできます。そして、事業がスケールした後の成功報酬では商売あがったりになるので、成功事例を分析して納品し、その時点で多額の報酬を得ておいて、あとはクライアントのご随意に、事業の成否は我々の責任ではありません、とやるしかないのです。

　これは、依頼する側にも責任があります。私がコンサルティング・ファーム勤務時代、ある商事会社に、その新規事業開発支援に提案をさせていただいたときのことです。その場のデシジョンメーカーである事業部長がこう尋ねてきました。

「この新規事業開発支援プログラムに成功事例はありますか？」

　その事業部長が想像したのとは全く別の理由で絶句する私の

目の前で、私が講師を務める事業開発者向けの研修プログラム
に参加してくださった、その事業部長の部下に当たる有能な商
社マンが、代わりに食ってかかってくださいました。

「ほかの商事会社で、事業会社でもいい、日本の大企業で新規
事業開発がうまくいった成功事例って、そもそもあるんです
か？」

　英語でいうCatch-22シチュエーション（ある問題Aが解決
されるためには問題Bが解決されている必要があり、問題Bが
解決されるためには問題Aが解決されている必要がある状況）
になっていることがお判りでしょうか。このように別の次元で
も、「成功事例病」は、日本の新規事業開発の足をずっと引っ張
り続けています。

　実にばかばかしいことです。

成功事例に基づかない事業アイデアとは？

　では、何をもとに事業を構想すればいいのでしょうか？

　前出のＹコンビネーターは、スタートアップたちに、成功事例に倣うことの真逆を勧めています。

「ビッグテック（GoogleやAmazon.comなど）のようなジャイアントプレイヤーが存在するマーケットで、まともに勝負するな」

「ある事業を思いついたら、似たような事業をすでにトライしていて、うまくいっていない／失敗した競合の話を聞きに行け」

　このアドバイスを忠実に実行したのがAirbnbの創業者たちです。彼らはホテルチェーンとは真っ向勝負を避け、創業期に、同じく民泊サービスを提供しているが芽が出ていないCouchsurfingというスタートアップのメンバーと会って情報交換しています。Ｙコンビネーターが、成功事例をパクるどころか、うまくいっていない／失敗した競合に話をしに行くことを勧めるのは、その事業のどんなところに罠が潜んでいるか、経験したものが最もよく知っているからです。同じパクるのなら、失敗事例の教訓を徹底的にパクろうというわけです。

　日本人としては二人目のカウフマン・フェローズ（米国随一のベンチャー・キャピタリスト養成機関）出身者である、Sozo Venturesのキャピタリスト中村幸一郎氏は、この戦略が奏功することを、このように表現しています。

　　　「最近の有望なスタートアップは『みんなにとって分かり

にくいビジネスではあっても、ある特定のユーザからすれ
ば非常に優れているサービス』『一般の人からすると、ほ
かの似たサービスと同じに見えるけれど、特定のユーザか
ら強く支持されている』ケースがほとんどです」

　（中村幸一郎『スタートアップ投資のセオリー　米国のベ
ンチャー・キャピタリストは何を見ているのか』ダイヤモ
ンド社、2022年) [10]

　いずれにしても、成功事例のあるような事業ではないことが
わかります。

　ある企業が、新規事業へ投資するために御社に融資を求めて
きたとします。その事業はその企業にとって未経験の事業で
す。このとき、この市場は成功事例があって、うま味がありそ
うだから参入します、というような話は、眉に唾を付けて聞く
べきです。社内を説得するためのそのトークは、その企業の顧
客が将来そのサービスを買うかどうかとは、当然、いっさい関
わりをもちません。成功事例の存在は、その事業の成功確率を
下げることはあっても、上げることは決してないと思って厳し
く査定すべきです。その代わり、これは大成功した前例のない
事業だが、すでにうちのサービスにはこれだけの数、非常に熱
心な顧客がついている、という証憑を見せられたときは、真
剣に耳を傾けるべき、ということになります。

第5章　間違い4　無償のPoCとMVP

最小にリリースしたプロダクトを恥ずかしいと思わないのなら、それは遅すぎたということだ。

LinkedIn創業者 リード・ホフマン氏

本章では、以下の間違いを扱います。

　間違い4　無償のPoCにより、その事業の成功／不成功を、少なくともある程度は占うことができる。

　まず問題を解いていただきます。

〈問題〉
　二十年ほど前までは、デパ地下の試食コーナーで貧乏学生が空腹を満たす光景が見受けられました。私の知り合いなどは、試食コーナーでデートすることもあったそうです。しかし、最近は、百貨店でもスーパーマーケットでも、めったに試食コーナーを見かけなくなりました。それはなぜでしょうか？

無償のPoCの無効性

　読者に試していただきたいことがあります。Googleで、2020年に行われた、その当時のバズワード（例：DX、スマートシティ、5G）に関する新規事業の実証実験／PoCの記事を探していただきたいのです。結果がいくつか出てきたのではないでしょうか。探し出したら、そのプロダクト／サービスが、PoCにおいては少なくとも有償で販売されなかったことを確認（だいたい推測になりますが）します。そして、その実験を行った企業のウェブサイトへ行きます。PoCが行われた事業が、ちゃ

んと事業化されているかどうかを調べます。

　少なくとも私が調べた限りでは、事業化され、サービスが継続している例を一つも見つけることができませんでした。PoCから2年以上もたっているのに、なぜその企業の新たな収益源に、その新規事業はなっていないのでしょうか？

　PoCは実行されたのですが、収益が出るところまで事業化されるめどが、未だに立っていないのではないでしょうか。おそらく、その事業のプログラムは社内で廃棄されています。

　このように、今日もどこかで起こっている悲劇、それは、「PoCに成功」→「事業化に失敗」です。世の中には「PoC疲れ」「PoC祭り」という表現が、数年前からもはやバズワード化している趣すらあります。

　私の身の回りでも、このような事例をよく聞きます。

　かつて、ある事業会社で社内のビジネスコンテストで優勝した事業企画がありました。本書執筆時点から3年ほど前、日本のある地域で、その事業会社の手弁当で大々的な実証実験が行われ、そのサービスの環境に対する貢献の可能性が、某官公庁によって高く評価され、表彰されるという栄冠を勝ちとりました。しかし、その後、その企業のサイトを追いかけている限り、それがきちんと事業化され、収益を生み出している気配はありません。ビジネスモデルを私が分析する限り、マネタイズできる要素がなかったので、社内で握りつぶされたのでしょう。

私が知っているあるハードウェアメーカーは、ひとつ100万円もするある新規事業の製品を、「使ってみてフィードバックをください」と顧客企業のもとに無料で置いてきたところ、設置前までは頻繁なやり取りがあったにもかかわらず、いったん設置したら、使っているはずなのにぱたりと音信不通になったそうです。

　私に言わせれば、これらは起こるべくして起こる当然の結末なのです。

　かつて友人の一人が、Facebookに私が書き込んだ「無償のPoCを実施する企業の意図が理解できない。それはいったい何のためにやるのか？」という疑問に対して、こう返信してくれました。

「流行ですし、脚本の読み合わせみたいなものですから」

　恐らく、関係者同士が一か所に集まって一度実験的にやってみるという意味でしょうが、誠に奇怪な考え方だと思いませんか？　だって、その脚本は、たいてい結末が「事業の失敗」に終わる悲劇の脚本なのですよね？　なぜ、金と人を無駄に注ぎ込んで、お祭り騒ぎの準備を、念入りにやるのでしょうか？

　この、本人たちはすこぶる真剣でも、はたから見ると滑稽な悲劇が起こる理由は、実はきわめて簡単です。PoCを無償で行うからです。

　ここで冒頭の問題に戻ります。

　百貨店やスーパーマーケットで試食コーナーが見かけられなくなったのは、COVID-19の蔓延とは、実は全く関係がありま

せん。2020年よりはるか前に、試食コーナーの数は減っていました。これも理由は単純で、コスパがとても悪いからです。ヒト（試食を作る販売員）とモノ（試食品）を注ぎ込む割に、売れ行きが伸びないのです。

では、なぜ売り上げが上がらないのでしょうか？

簡単です。人はフリーランチをおごられると、決して本気にならず、よほど美味でない限りは、購入意欲がわかないからです。

無償のPoCにもそっくり同じ現象が伴います。

そもそもPoCとは何でしょうか？

The Pharmaceutical Society of Japan提供の薬学用語解説によると、PoCの定義は次のようになっています。

　「ある分子が創薬の標的であると考えて、その標的に作用する物質が疾患の治療薬になり得るという仮説（コンセプト）を設定した場合，その物質が患者に対して実際に治療効果を示すことを，適切な指標を用いて直接的（場合によっては間接的）に実証すること」

要するに、PoCとは、ある課題を解決できるかどうかのフィージビリティ・スタディしかできない、ということです。

そして、患者の病気と顧客が抱えている課題の最大の相違は何でしょうか？

例えば、アデュカヌマブは、アルツハイマー病の初の治療薬とされています。そして、アルツハイマー病で苦しんでいる患者とその家族は、膨大な数実在することは疑う余地がありません。したがってアデュカヌマブに関しては、PoCさえ通れば、確実に人類にとっての福音となり、製薬会社のエーザイは、確実にリターンを得ることができるわけです。

　しかし、事業開発で無償のPoCを実施する場合、その課題が、顧客にとって深刻な悪影響をもたらしているもので、かつ、その課題を抱えている顧客が十分な数存在するということが、全く検証できません。

　私が知っている素材メーカーは、自分たちが努力して開発したある新規製品を、イベントの会場で数百個配りました。その製品は飛ぶように「売れ」ました。このテスト「販売」——実際は街角のティッシュ配り同様の「配布」——に気をよくしたそのチームは、勢い込んでその製品を量産、販売を開始しました。ところが、いったん値段が付いたその製品は、全くと言っていいほど売れず、発売からかなりの時間が経過しているのに、未だに損益分岐点に届いていないそうです。無償で配ってしまったがゆえに、顧客のペインがどれ（いくらの金銭に値する）ほど深いものか、全く計測できなかったのです。

　このように、無償のPoCは「やり損」のお祭りに終わると思ったほうがいいのです。

　試食コーナーで喩えたとおり、無償のPoCに、顧客は無責任に参加してきます。顧客企業にとってPoCがなんの成果も

もたらさなかったとしても、失うのはせいぜい、それにつきあった人員の工数くらいなものなので、気楽なものです。

　そして、本音からは程遠いフィードバックを返してきます。このフィードバック、すなわち「フォルスポジティブ」（誤ってフィードバックを好意的だと受け止めること）が、またきわめて厄介な要素です。

　また試食コーナーの喩えに戻ります。試食コーナーの担当者からただで試食を受け取った貧乏学生が、一口それを食べてみたところ、とてもまずいと感じたとします。このとき、この学生は、その試食品のメーカーのためを思って「とてもまずいです」と真剣なフィードバックを返すでしょうか？

　むろん、口が裂けても、本当はそのメーカーにとり最も有益な、忌憚ないフィードバックは返してくれるはずがありません。ただでもらっておいて、いけずうずうしいと思われるのは誰しも嫌に決まっているからです。

　私はかつて100円ショップで買ったある製品が、購入した翌日に、一部あっさり壊れてしまったことがあります。しかし、基本機能はそのまま使い続けることができたので、レシートをもってそのショップを訪ねるということはしませんでした。上記と同じ心理です。

　すなわち、無料で、もしくは非常に安い価格で提供することにより、顧客から真剣なフィードバックを得られる可能性が、圧倒的に下がるということです。

無償のPoCを提供した顧客企業が購入を断る場合、提供元の企業が必ず手に入れるべき情報、「なぜこの製品は売れないのか?」をズバズバ指摘するケースは、したがってまれです。遠慮して、欠点をそれとなくにおわす程度に終わってしまいます。そしてそのような言い出しにくい状況をつくったのは、ほかでもない、提供元企業です。課金していないから、相手が本気で文句を言えないのです。

　世界最強のシードファンド、アクセラレーターであるYコンビネーターは、スタートアップのファウンダーから、「いつから課金すべきか?」という問いを受けるたび、「いますぐに」と答えています。ではいくらで、と訊かれたときには、「競合よりも高価に、創業者自身が『本当にこんな値段でいいのか?』と気まずく思う値段で」と答えています。

MVPの意味

　中小企業がクレジットカードによる課金システムを手軽に導入できるようにしたスタートアップstripe／ストライプは、このYコンビネーター出身です。彼らは、まだまだサービスとして未成熟なMVP（Minimum Viable Product顧客が使ってぎりぎり機能するプロダクト）を提供し始める際、競合よりもはるかに高い値段を居丈高につけました。

　なぜなら当時のstripeにとり、直近の売り上げが目標ではなかったのです。彼らが検証したかったのは、自分たちの提供しようとしているサービスが、顧客にとって高価な価格に見合う価値を提供しているかどうか見定めるのが目的でした。もし高価な値を付けて売れなければ、自社製品にはそれほどの魅力がないということがわかり、最悪、サービス自体をピボットして変える必要が出てくるかもしれません。あるいは、全然売れないということは、少なくともどこかで顧客のペインをとらえ損ねており、製品を抜本的に改良する必要があるということを意味するわけです。

　ちなみにこのとき、stripeのMVPは、日本の大企業の担当者なら卒倒しかねないほど粗々の代物でした。一見、様々なケースで汎用的に使えるAPIを提供しているように見せかけ、発注が来るたび、その会社の使い方に合わせ、裏でエンジニアたちが一社ごとにカスタマイズした課金システムを造り、提供していたのです。すなわち、デビューしたてのstripeは、実は事業形態が受託のSIerだったのです。

かつて私がある大企業のソフトウェア製品のPoCで、この stripeのやり方とは真逆のやり方を実施していた例があります。その企業は、半年の期間と1000万の予算をかけて複数の機能を持つ"Minimum"（私はどこがMinimumなのかさっぱりわからなかったのですが……）Viable Productを開発し、１年ほど無償のPoCを回してみたが、誰も買わない。こうしたことが珍しくないと。

　こうしたPoCには、今まで挙げたものも含め、複数の致命的な欠点があります。

　１．顧客が本気のフィードバックを返さない。大して役に立たなかったと本音では思っている顧客に、「ご苦労様でした」とねぎらわれてしまう、フォルスポジティブが生じる。

　２．莫大な工数と予算が無駄になる。この企業のような「成熟したMVP」というおかしな代物を準備する場合、それを準備している間に、ほかの、本来ならもっと売れるかもしれないサービスを試すMVPを準備し、ビジネスモデルを試す機会が失われる（機会損失）。加えて、大企業が壮大なPoC祭りを実施している間に、スタートアップが似たような、しかし圧倒的な差別化要因を含めたサービスをリーンスタートアップの手法で瞬く間にスケールさせ、いつの間にか脅威になるという可能性もでてくる。

　３．複数機能を備えた「成熟したMVP」を製作してしまうと、その中のどれが顧客に響いてどれが響かなかったのか解ら

なくなる上、おそらく最も肝心なフィードバックである「すべての機能が完璧に作り込まれていたとしても、このサービスは大して使えないので、購入したくない」と言いたい顧客の本音を封じる。

4．PoCをすること自体が大変な作業なので、担当者が妙に高く評価されてしまう。妙にというのは、PoCは成功、事業は失敗の場合、この担当者は会社と株主のお金を「頑張って無駄遣いした」だけなのに、なぜか「大変だったね、よくやった」と評価されてしまう。

5．PoCのために準備するMVPを開発するのに時間をかけた場合、そのMVPに対する愛着が生じ（イケア効果）、顧客に使ってもらう頃には「顧客が何と言おうとこの製品は世に出す」という、倒錯した心理に陥って、顧客の反応を得るためにPoCを行うという目的からいつの間にか逸脱し、「PoCのために開発を終わらせる」ことに目的がすり替わってしまう。

6．コンサルタントに無駄にお金が流れる。コンサルタントは、新規事業の成功報酬で仕事を行うことはリスクが大きすぎてできないが、最終的に新規事業がうまくいこうがいくまいが（ということは口が裂けてもコンサルタントは言わない）、PoCの実施という目に見える、本当は意味のないゴールの達成なら喜んで手伝うだろう。

上記3に関して、日常的な譬えで、別の問題も指摘しておきます。私は家族性高コレステロール血症と診断されています。

これは、食事面で非常に気を付けていても、血中のLDLコレステロール値が勝手に高くなっていく病気です。そこで私は①LDLを下げるといわれるキャベツと枇杷茶を毎日食する　②毎日40分の速足散歩　③LDLを主成分として作られる上腕二頭筋の筋トレ　④αリノレン酸を含むエゴマ油の摂取　⑤乳製品と卵の摂取の制限　⑥ケルセチンを含む玉ねぎの皮のスープの摂取……と、ありとあらゆる手段でLDLの上昇を抑えようとしています。

　さて、皆さんにご相談です。これだけの手を一生打ち続けるのはいくらなんでも大変なので、数を絞りたいのですが、どれが最も効き目のある方法でしょうか？　……複数機能をもつMVPを市場に問うとは、このようなことも意味するのです。

　Yコンビネーターは、MVPを「プロダクトでなくプロセスだ」と定義します。

　Yコンビネーターが教育した、ソフトウェアのスタートアップたちは、「完成品をいつかサービスローンチする」なんてことは、露考えなくて良い、としつけられます。極端な話、プロダクトは一生「完成」などしなくてよいのです。

　ハードウェアのスタートアップですら、「完成品ができあがる前に売れ」と教わります。新規事業の鉄則は、サービスローンチはいろいろなタイプのマーケットに対して繰り返し行え、だからです。

事業開発の新常識：明日から課金してください。

　Ｙコンビネーターの元CEOマイケル・サイベル氏は、スタートアップの創業者からのFAQの一つである、

　いつから（＝プロダクトがどの成熟段階に達したら）ユーザに課金していいですか？

　という質問に対し、

　α版とかβ版とか、私はよく知らないけど、とにかくASAPで課金せよ。

　と指示しています。

「自分のサービスは無料で使ってもらわないといけない、これが唯一のユーザをゲットする道だからだ」

　という考え方は根本的に間違っている。自分のプロダクトがいいものかどうかを知りたければ、ユーザがプロダクトを使うさいのハードルを少しだけ上げ、ユーザが使い続けるかどうか見ることだ。

出典：Michael Seibel - Building Product

YouTube動画拙訳

　サイベル氏は別の機会に「MVPはせいぜい２週間〜ひと月でつくれ、それ以上かかったらそれはMinimum VPとはいえない」とも発言していますので、この二つのステートメントを掛け合わせると、新規事業開発開始から、ひと月後には課金し始めろという、一見、めちゃくちゃなアドバイスになります。

　そんなことが可能でしょうか？

可能というか、それを忠実に実行して、創立からひと月で10社のお客さんをゲットした、現在成長中のＢtoＢセキュリティソフトウェアの企業があります。

　その名はPlusidentity ／プラスアイデンティティです。2021年のＹコンビネーター夏期バッチの卒業生です。

Plusidentity の MVP 戦略

　Plusidentity がユーザであるスタートアップの従業員に提供する利便性は、SaaS 間の SSO ／シングルサインオン、すなわち、顧客のスタートアップの社員が、開発などに用いている複数のウェブシステムへのサインオンを、ユーザが一度で行うものです。

　この業界には、B to B としては Okta、OneLogin など、B to C としては LastPass などが、大手既存プレイヤーとして存在します。この Plusidentity のダイレクトコンペは Okta、OneLogin でしょうが、これはスタートアップがおいそれと使える代物ではありません。ライセンス料が非常に高いからです。

　そこへこの Plusidentity は、ローエンド破壊型のイノベーションをしかけました。SSO 機能を提供する＝がっちりしたセキュリティの城壁が必要というのが、セキュリティ製品の業界では常識です。実際 LastPass など、何度かパスワード漏洩のインシデントを起こして、大変なことになっています。

　ところが Plusidentity は、たった 1 か月で最初のプロダクトをローンチしました。むろん、その MVP のユーザにも、最初から課金しています。私も以前、セキュリティ製品の開発にかかわったことがあるので、誰よりもよくわかるのですが、セキュリティ・バイ・デザインの考え方を用いたとしても、たった 1 か月で、完璧なセキュリティを担保する製品を造るのは、逆立ちしたって不可能です。

しかし、Plusidentityのターゲティングは非常に巧みでした。彼らがクレバーなのは、自身がスタートアップであるがゆえに、スタートアップが、自分たち自身の使用するSaaSへのSSOに、そこまでしっかりしたセキュリティなど求めるわけがないということを、わきまえていたことです。大企業は、万が一、自分の知財情報やお客様の情報が外部に漏れたら、そのレピュテーションコストたるや甚大なものがあるから、CISOなど責任者をおいてセキュリティをがちがちに固め、インシデント・レスポンス・チームを置いて万が一に備えます。ソニーも昔、パスワード漏洩スキャンダルで、パスワードをハッシュしていなかったなどという、あらぬ嫌疑をかけられて大変な目に遭ったことがあります。

　さらにいえば、立ち上がったばかりのスタートアップは全然知られていないわけですから、顧客のセンシティブな情報を大量に抱えているわけはありません。したがって、レピュテーションもなにもあったものではありません。売れないスタートアップのサービスのソースコードを、GitHubのパスワードをわざわざ取得してまで盗もうとする人間がいるわけがありませんし、使用しているIaaSのパスワードが漏れて、万が一サービスが停止したとしても、数十人しかユーザがいなければ、最初からやり直そうと溜息をつくだけですむわけです。

　明らかに貧乏と判っているシード段階／シリーズＡのスタートアップを、ランサムウェアでゆする愚か者もいないでしょう。成熟していないスタートアップが最も気にするのは、それ

よりも、それこそ、MVP を一刻も早く製造してローンチしなければならないこの状況で、セキュリティを気にして、パスワードとかいちいちタイプしている暇なんかない！　ではないでしょうか？　そこそこの品質で妥協できる顧客だから、ローエンド破壊型のイノベーションをしかけることができるのです。

Plusidentityの「MVP」と製品ローンチ

　この会社の誕生時のサイト、素晴らしい「恥も外聞もなさ」
を誇る逸品でした。最初にこの製品がローンチされ、たちまち
10社のユーザを獲得したときは、さらにもっと簡素で、その
MVPは、SlackからのSSO／シングルサインオンのみを提供
していますというものでした。

　その当時のサイトには、下記のように堂々と謳われていまし
た。

　　Chromeの拡張機能を使ったSSO？　→　鋭意開発中です。

　　iPhoneアプリでのSSO？　→　鋭意開発中です。

　　AndroidアプリでのSSO？　→　鋭意開発中です。

　しかし、MVPとはこうあるべきです。大企業ならもしかし
たら、せめて、Slack ＋ Chrome拡張機能を開発して、まずは
無償でPoCしてから、晴れてサービスをローンチしたいと思
うかもしれません。

　でもその「晴れて」は、以下の甚大なデメリット群をもたら
す、「晴れて」です。

　デメリット1：製品のローンチが遅くなる

　デメリット2：自分たちのサービスの価値がわからなくなる

　デメリット3：自分たちが今いかなる仮説を検証しているの
か、わからなくなる

デメリット１：製品のローンチが遅くなる

　これは一目瞭然でしょう。スタートアップのマジョリティを占めるSlackユーザにのみ、的を絞ってASAPで開発したからこそ、１か月かからずに最初のMVPが世に出せたのです。これは逆に、失敗したときのデメリットも最小化できることを意味します。全てのサービスを整えてから広いエリアにローンチしたら、失敗したときにダメージが大きいのは火を見るよりも明らかです。

デメリット２：自分たちのサービスの価値がわからなくなる

　Plusidentityが最初から有償でローンチしたのは、ローエンド破壊型の製品の価格弾力性を算出するためです。当たり前ですが、無償でローンチしたら最後、わが社のサービスにはいったいいくらの価値があるのか？　が全く不明になります。無償でPoCしておいて、無償期間が終わった瞬間に、全ユーザが使わなくなるのと、有償でMVPをローンチしておいて、全く売れないという二つの現象を比べたとき、どちらが有益なフィードバックをもたらすでしょうか？

　圧倒的に後者です。前者だと、無償だから付き合ってやっているという本気度が甚だ低いユーザからは、有効なフィードバックがほとんど得られないのに比べ、金を支払ってほしいとお願いしている後者のユーザからならこの上なく真剣なフィードバックが得られ、売れないなら売れないで、売れない理由を突き止めるチャンスとなり、様々なパラメータを変更してイテ

レーションで仮説検証を進めていくことで、事業を拡大していくヒントが得られます。その結果どうしても売れないと結論されれば、MVPの段階でさくっとピボットすればいいだけの話です。

デメリット３：自分たちが今いかなる仮説を検証しているのか、わからなくなる

　大企業がよくやるように、最初から機能をそろえた、充実したMinimum??? VPをローンチした場合、どうなるでしょうか？　そこそこユーザがついたとしても、MVPの一体どの部分がきちんとユーザに訴求しているのか、不明になるのです。

　Plusidentityの場合、最初のMVPで証明したかった仮説はきわめて簡単明瞭です。
「Slackを使うことの多いスタートアップの開発者（イノベーター）たちは、低セキュリティでもその分安価なSSOに価値を見出すか？」
　わざとSlackのみに絞ったところが絶妙なのです。なぜなら、Slack自身が、まずはスタートアップ業界を制覇し、巨大既存企業は、末端社員レベルからのボトムアップで攻略したサービスだからです。
　Plusidentityは、最初のMVPがバカ売れしてほしいとは、恐らく毛頭考えていなかったでしょう。この段階では、まずは、スタートアップが使うのか？　という上の価値仮説が検証でき

れば良いのです。同社の場合、10社のユーザがつくことによってたちまち上の価値仮説が正しいことが証明されたのですが、万が一これが完全否定されても、ピボットを考え始めればよいだけで、その際、たった数週間で開発した、愛着もさしてないMVPを葬り去るのは、すこぶるダメージが小さいわけです。

　この最初の価値仮説が証明されたら、長く存続している中小企業（スタートアップよりマーケットが大きい）の従業員たちは、低セキュリティ（どこまで妥協できるか？）でも、その分低価格（いくらぐらい？）なSSOに価値を見出すか？　という新たな仮説を、イテレーションで段階的に検証していけばよいということです。

　Plusidentityのセキュリティ基準もおそらく「MVP」ならではです。OktaもOneLoginも、自社のセキュリティの方針を、当然中身が正確には外部にわからない形で、しかし、顧客企業のCISOなどプロにはちゃんと信用される粒度できちんと説明しているのに、初期のPlusidentityは、ちょっと笑ってしまうほど簡素な説明で済ませていました。ISMSはおろか、SOC2（SaaSのセキュリティの資格の基本中の基本）もとっていませんでした。セキュリティの商売をするのに、SOC2の取得は最低限満たすべき条件ですが、それすらあえていまは無視していたということは、SSOが商材ですが、

「我々は、少なくとも現時点では、がちがちのセキュリティをウリにはしていないです、察してください。大企業の皆さんは、どうぞ既存の他社サービスを使ってください」

という確信犯的なやり方です。

　SOC2は取得に金も手間も時間もかかり、しかも一度取得したら終わりというものでもないので、生まれたてのスタートアップには負担が大きすぎ、現時点ではMVP水準のセキュリティ方針で我慢してください、ということだったのだと思います。

　同社は2022年にようやくという感じでSOC2を取得しています。

マーケットを変えながら、ローンチを繰り返していく

　繰り返しになりますが、最初から一気に成熟度fidelityの高いMinimum VPを開発→無償でPoC→価格を付けて販売開始（「正式」なサービスローンチ）というのは、ほとんどの場合で膨大な資源の無駄をともなう開発手法です。なぜなら、たまたまうまくいけばいいのですが、誰も買わなかった場合、このサービスに需要はなかった、だけど、なぜうまくいかなかったのか、はっきりとはわからないという教訓しか、膨大なカネと手間をかけて、得られないからです。

　Plusidentityをはじめとした Y コンビネーターの教えを受けたスタートアップたちは、これを絶対にやりません。彼らはそもそも、これからローンチする製品が、α版なのかβ版なのか「本番」製品なのか、といった区別を最初からしないのです。全部に課金するのだから区別などないのです。これが Y コンビネーターのいう、「MVPとはプロセスだ」の真意です。

　1．まず、Slackのみ対応で、一番尖ったユーザ（イノベーター、スティーブ・ブランク氏のいうEarlyvangelists）のいるはずの、スタートアップに絞って市場試験
　2．次に、Slackより使用者数の多いはずの、Chromeの拡張機能対応で、SMBの市場試験
　3．その次に、iPhoneアプリを開発してモバイルユーザ市場を試験
…………

というように、様々なタイプのマーケットにそのマーケットにもっとも響く有償のMVPを投入していくことで、Product／Market Fitへの道を段階的にたどっていくのです。

第6章　間違い5　アジャイル開発なら新規事業は失敗しない

スタートアップはしばしば、うっかり誰にも望まれないものを造ってしまうため、それをタイムリーに予算内で造るかどうかはさして問題にはならない。

エリック・リース

本章では、以下の間違いを扱うと同時に、成功する事業は、リリースのはるか手前で計画可能だという、思い込みそのものに対して反論し、ではどうしたらいいのか、その処方箋を解説していきます。

間違い5　ウォーターフォールでなくアジャイル開発を実施すれば、新規事業は失敗しにくい。そして、リーンスタートアップとは、アジャイル開発のことである。

新規事業開発手法リーンスタートアップもプロダクト開発の悲劇から始まったリーンスタートアップ／ The Lean Startup Methodは、2011年にエリック・リース氏によって書かれた以下の書物でフレームワーク化されました。

エリック・リース氏は、IMVU社に参画する時点で、すでに2社のスタートアップを経験していました。イェール大学在学時に、Catalyst Recruiting社を起ち上げてすぐに店じまい。卒業後にシリコンバレーに移ってきて、There, Incに入社、３Dバーチャルワールド製品を上市しますが、これも売れずにすぐに失敗。

若いリース青年は３社目こそは成功させるのだ！　と燃え立って、IMVU社にCTOとして参画します。このスタートアップは、アバターつきのインスタントメッセンジャーアドオンを提供するサービスを造ろうとしていました。

新規事業の戦略「ネットワーク効果」

　最初におことわりしておきます。本節に登場するIMVUにまつわるすべてのエピソードの出典は、Eric Ries "THE LEAN STARTUP" Currency, 2010[1) です。

　IMVU創業当時の2000年代初頭、当時は、Facebookは起業されたばかり、Slackは影も形もありません。IM/インスタントメッセンジャーは当時はSNSライクな機能を果たしており、周囲の人間がはまったら、自分も参加せざるをえず、抜けられなくなり（スイッチングコスト高）、さらに知り合いを誘って顧客に加えることで雪だるま式にユーザベースが膨れていくネットワーク効果を備えていました。しかし、すでにMicrosoftなどをはじめとした大手がすでに市場を寡占していました。この市場に全く新しいインスタントメッセンジャーを新しく作って参入したとしても、大したパイが取れないことは明らかです。そこで、既存のIMへのアドオン（zoomで、第三者の用意したプラグインが使えるようなものです）を造り、IMに３Dアバターとバーチャルグッズ機能を付け加えようというのが、同社の、自称「卓抜な」戦略でした。たくさんのユーザをほこるAOLのようなIMにこのアドオンを実装して使ってみれば、自分のAOL友達リストにいる知り合いたちとアバターを付けての会話を楽しもうとするだろう、したがってネットワーク効果が望めるという、いわばコバンザメ戦略を同社はとっていたのです。

リース氏はどうやら、過去の2社の失敗を、製品のローンチが遅すぎて顧客のフィードバックを得るのが遅くなった（特にThere, Incは製品をローンチするのに、リース氏の入社から2年もかかっているようです）せいだと認識していたので、当時はまだアメリカでも珍しかったスクラムチームを率いて（すなわちアジャイル開発です）半年間で必死で製品版のコードを書き上げます。

　アドオンとしてのIMなんて、誰も作ったことはありませんし、その当時多数世界に存在したIMの、理想的には全てに対応しなければなりません。これは非常に過酷なスケジュールでした。半年間では造りきれない部分が残ります。盛り込みたい機能が盛り込めず、不具合が多すぎ、チームの中にはリリースを延ばす声が多々あったようです。

　きっと、サービスローンチの前の晩には、

「あのバグも残っているな、このバグも残っているな……」

　と、トリアージしても取り切れなかったバグリストを眺めながら、CTOであるリース氏はクヨクヨ悩んだでしょう。しかし、スピード優先、リース氏は思い切って世の中にIMVUを送りだします。

　その翌週は、誰も残ったバグを引きませんでした。その翌々週も、幸いにして誰もバグを引きません。というか、ひと月たっても、何も起こりませんでした。

And then – nothing happened!

　それもそのはず、IMVUを誰も使わなかったからでした。

　IMVUはサービスをローンチして数か月間、４万円〜５万円の月額売り上げしかたてることができません。累計ユーザ数のホッケースティック曲線で投資家と自分自身をごまかしていたCxOたちですが、一向にレベニューが上がらないので、いよいよこれはまずいと色めき立ちます。そしてここに至ってようやく遅まきながら、同社はユーザテストを敢行します。ユーザ候補にお金を払って、サービスを使ってもらうわけです。

　最初のユーザの中には、女子高生が含まれていました。

　アバターには、かわいい、かわいいと大受けします。

　ところが、いちばん肝心の、メッセージのやり取りを友達とやってみてと依頼されると、謝礼を返してでも使用したくないと、ガンとして拒否。

　理由を聞くとむくれて、

「あたしが使ってみてもいないサービス、友達に紹介できないよ。だってこのメッセンジャーがダサかったらさ、あたしがダサいって思われるじゃん！」

　女子高生としては、自らがまずサービスの内容を判定してからでないと、自分が低く評価されてしまうリスクを踏めなかったのです。

　この女子高生は顧客ではない、とリース氏たちは諦めて、帰

宅してもらいます。ところがです。その次のユーザも、その次の次のユーザも、口裏を合わせたように、同じくメッセンジャー機能の使用を拒否。

「自分がまっさきにそれを問題と認めたと言いたいところだが」という意味のことを、リース氏は自著THE LEAN STARTUPに書いています。

「その実、自分が最後の最後まで、それが現実だと認めなかった」

CxOたちは、ようやく浮足立ってきます。卓越した戦略、ネットワーク効果も、そもそもはずみ車が回り始める最初の一撃を与えることができない、という現実に直面します。

そこでリース氏たちは、身を切るようなピボット（事業転換）を決断します。すなわち、現状のサービス（アプリケーションのアドオンとしてのIM）とは大きく異なるサービス（スタンドアローンのIM）へと、抜本的なサービス企画そのものの変更を行ったのです。

CTOであるリース氏の立場に立って、「身を切るような」と表現しました。なぜならそれは、自らスクラムを率いて彼らが書いてきた膨大な行数のソースコードをどぶに捨てることを意味するからです。スタンドアロンに作り直すと決めたので、既存のIMとのインターオペラビリティに必死で費やした日々の

努力は完全に水の泡となりました。プログラムを一度でも書いたことある方、このくらくらするような徒労感、想像できると思います。

　ここでエリック・リース氏、慨嘆します。名言です。

　　「顧客に価値をもたらさない、すべての努力は無駄だ」

　そして身を切るようなピボットの甲斐あって、生まれ変わったIMVUは大ヒットするのです。

　この時点で、エリック・リース氏は、もっとむなしい洞察をえます。

　　「ということは、我々が半年かけて営々築き上げたIMVUのシステムは、ランディングページを用意して、『使ってみる』ボタンが押下（おうか）されたら、『工事中』ページに飛ぶという、サクッと書けるHTMLと同じ成果しかもたらさなかったってことじゃないか！」

　このひらめきこそ、MVP/Minimum Viable Productのはしりです。

　ここでエリック・リース氏が言っているのは、いの一番に、そのサービスに本当に市場性があるかどうかを、きわめて簡単な仕掛けを使って確かめろ、ということなのです。

　実際にこのコンセプトそのもののMVPを、フル活用してユニ

コーン化したスタートアップが日本に実在します。SmartHR
です。SmartHRの創業メンバーは、コンセプト段階にしか過
ぎない同社のサービスに市場性があるかどうかを確かめるた
め、ランディングページを製作、Facebook広告から潜在顧客
をそれへ誘導し、ランディングページからプレオーダーを取り
付けることで、自社の価値仮説を検証しました。

リーンスタートアップとは何か？

　リーンスタートアップの要諦を煎じ詰めていえば、顧客に否定→修正される前提でサービス仮説を立て、仮説を検証するのに最低限必要なMVPを素早く造って世に出し、顧客の反応を確かめて、最初に戻ってサービス仮説を修正するというサイクルになります。

　私がリーンスタートアップの説明をし始めると、
「あーあー、リーンスタートアップね、知ってる知ってる、アジャイルのことでしょ」

　と、妙にドヤ顔でピント外れなことをおっしゃる方がときどきいますが、リーンスタートアップの始祖エリック・リース氏その人からが、思いきりアジャイルで線形プロダクト開発を実施し、大失敗していることを、リーンスタートアップをよく知るこの人、なぜ知らないのでしょうか？

　この、リーンスタートアップとスクラムを含めたアジャイル開発をごちゃごちゃに考える「エセ・リーンスタートアップ」を唱道し、世間に広めてしまっているプレイヤーの一社がT社です。

　T社の雑誌（2015年10月）に掲載された論文の一つに、以下のような、決定的に誤った注が載っています。

　リーンスタートアップとは：

「ソフトウェア機能を利用者に新たな価値を与える最小単位に分割し、短い反復期間を繰り返しながら迅速かつ適応的に開発する手法」

これは誰がどう見ても、アジャイル開発の手法そのものです。
　一方、本家本元のエリック・リース氏がThe Lean Startupで自らをシニカルに評価している表現はこちらです。

　「私は最新のソフトウェア開発手法（総じて「アジャイル開発」と呼ばれる）の大ファンで、それは製品開発から無駄を排除することを約束する。しかし、にもかかわらず、私は最大の無駄を生み出してしまった。すなわち、顧客が使用を拒絶する製品を構築してしまったのだ」
　（出典 Eric Ries, "The Lean Startup", Crown ビジネス，p46、拙訳）

　要するに、誕生したその日から「リーンスタートアップ≠アジャイル」だったのです。論文の書き手は、原典を読まずにリーンスタートアップを論文に書き起こしているということになります。新約聖書を読まずに「イエスはこういった」と教導して回る牧師みたいなものです。
　なぜこうした深刻な勘違いがまかり通るのでしょうか？　それはみな、ビジネスの検証サイクルとプロダクトの検証サイクル、ピボットとイテレーションを、ちゃんと切り分けて考えら

れていないからです。

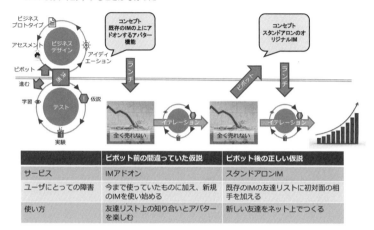

サービスのコンセプトそのものを完全に刷新する（ピボット＝事業転換する）まで、
IMVUが大ヒットすることはなかった

	ピボット前の間違っていた仮説	ピボット後の正しい仮説
サービス	IMアドオン	スタンドアロンIM
ユーザにとっての障害	今まで使っていたものに加え、新規のIMを使い始める	既存のIMの友達リストに初対面の相手を加える
使い方	友達リスト上の知り合いとアバターを楽しむ	新しい友達をネット上でつくる

　この図をよく見てください。上部がビジネスそのものの検証サイクル、下部がプロダクトの検証サイクルです。IMVUが「顧客は既存のIM上でアバター同士で知り合いと会話したいはずだ」という、根本的に誤った仮説に基づいたサービスを提供しているうちは、どんなにスクラムチームがシングルプレイモードやChatNowといった機能を「短い反復期間を繰り返しながら迅速かつ適応的に開発」しても、売り上げはさっぱり鳴かず飛ばずで、会社はずっと倒産のがけっぷちをうろうろしていました。顧客インタビューの結果、「そうではなくて、顧客はスタンドアロンのIMで新しく友達を作りたいのだ、そして

初対面同士が話すのに、アバターは最高の隠れ蓑だ」というインサイトを得て、今までのプロダクトを涙ながらにほぼご破算にし、全く新しいサービスを構築して初めて、サービスは大ヒットしたのです。

　こんなことはソフトウェアのスタートアップにしか起こり得ないだろうと思われるかもしれませんが、とんでもない、この二つのサイクルを経て、歴史上もっとも買われた消費財となったプロダクトこそ、iPhoneなのです。

iPhoneは、スティーブ・ジョブズ氏が天啓を得ていきなり生み出したものではなくピボットとイテレーションの成果である

Appleが2つのサイクルを経由した、音楽携帯電話の事例

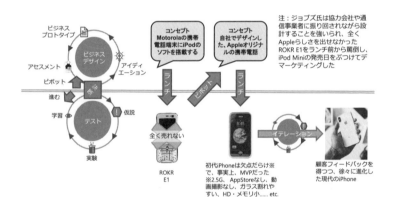

　これも勘違いしている人があきれるほどたくさんいる、エセ・リーンスタートアップの一環ともいうべき伝説なのですが、天才スティーブ・ジョブズ氏が神から天啓を得て、いきな

り完璧に美しい製品を世の中に送り出したのがiPhoneでは、全くありません。

　そもそも、Appleが世に出した初の音楽ケータイは、iPhoneではありませんでした。ベンダーとしてAppleの製品開発に協力していたモトローラが、共同開発を持ち掛けてきて開発した、ROKR E1です。これはモトローラの既存のケータイのハードウェアに、iPodのソフトウェアを積むというコンセプトの製品で、大ヒットどころか、リリース前からWIREDマガジンに「これでも未来のケータイ電話?!」と揶揄された駄作でした。携帯電話キャリアとモトローラのしばりがきつすぎ、Appleはいかなる面でも、その最大の強みであるデザインのクリエイティビティが発揮できなかったのです。ジョブズ氏はこの端末を心底嫌い、iPod miniの発売日をわざとぶつけてデマーケティング（売れなくする、すなわち、Appleが造ったことをなかったことにする）したほどです。

　その後、もともとAppleでPDA「ニュートン」を開発していたエンジニアが、「ニュートン」が事業に失敗して製造終了後、無聊を持てあます感じで野良開発したマルチタッチスクリーンの電話機のプロトタイプをジョブズ氏にプレゼンする機会を得ました。最初は眉をしかめたジョブズ氏でしたが、やがてビジネス化する方法を考えつき、Appleは2007年に初代iPhoneをリリースするに至ります。すなわち、Appleはピボットしたのです。Appleの真の偉大さは、前述したように、この箸にも棒にも掛からぬ製品を、ハードウェアに関しては年一

回、ソフトウェアに関しては無数にアップデートし続けることによって、倦まずたゆまずコツコツとイテレーションで改善し続けてきたことにあるのです。

iPhoneユーザがみな知っている通り、Appleはときどきi OSを「改悪」してしまいます。しかし、いずれその改悪は改修され、結果、かつてより使いやすくなります。これこそ、Appleが、天才ジョブズ氏の天啓より、ユーザの声の方を正として行動している何よりの証拠です。

そしてここで強調すべきは、ROKR E1の大失敗があり、Appleファンは既存のフィーチャフォンをAppleが出しても何も喜ばしくないということをAppleが骨身にしみて悟って初めて、ピボットの結果としてiPhoneという大ヒット製品が誕生しえたのだ、という事実です。

リーンスタートアップの定義式

　覚えていただくべき定義式は、以下になります。

$$\text{リーンスタートアップ} = \frac{\text{顧客開発}}{\text{ランチパッド}} \times \text{アジャイル開発}$$

　アジャイル開発は、製品コンセプトよりもはるかに顧客の声を大切に考える、顧客開発ランチパッドがあって初めて機能します。顧客の声に合わせてサービスがどんどん変わっていくので、アジャイル開発でないとついていけない、という表現の仕方もできます。

　スティーブ・ブランク氏がフレームワーク化した顧客開発ランチパッドを説明して、この本の結論部とさせていただきます。

リーン事業開発の定義式

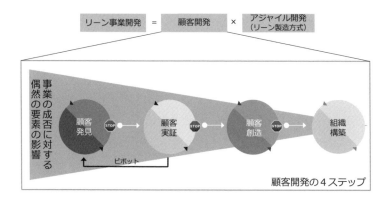

この図にある通り、顧客開発とは、各ステップで、より上位のビジネスレベルの検証（東芝が勧めているのはプロダクトレベルの検証）を進めていって、最終的に顧客が受け入れる製品を開発する、という４ステップのプロセスです。このステップの一つ一つを詳細に説明するのは本書の意図とややずれますので、要点だけ押さえてから、具体例でピンときていただこうと思います。

　この手法をフレームワーク化したスティーブ・ブランク氏は、顧客開発／Customer Developmentという造語を、以下のような思いを込めて作りました。

　　「スタートアップが倒産するのは製品がないからではない。顧客がつかないからだ」

　だから各ステップは、徹頭徹尾、焦点が顧客になっています。最後の「組織構築」は、原語ではcompany building／カンパニービルディングです。すなわち、ブランク氏は、「製品がヒットしてからおもむろに自社の事業内容／ビジネスプランをフィックスしろ（定款を定めろ）」といっているのです。

　私がこの説明をしたら、ある、知る人ぞ知る大メーカーにしてSIerの某社のマネージャーに怒られました。

「どんな会社だってビジプラは最初に確定するに決まってる！」

　この言葉、少なくとも１万社程度は転職したことがなければ統計的に真理であることを保証しかねるだろうにと心の底では

思ったのですが、それは口に出さず、その次からはこのような言い方をするようにしました。

「ビジネスプランの最終承認を行うのはどなたでしょうか？実は貴社の事業部長でもなければ、社長ですらありません。『このビジネスプラン通りに作られたサービスは100％確実にヒットする』という太鼓判を押すのは、顧客以外にいませんよね？」

　このような言い方をするようになったら、その企業の皆様は「確かに今までのやり方は間違っていた」と認めてくれるようになりました。

　さて、具体例をあげてこの手法を説明します。

ディーピカ・ミューティヤラ氏は、<u>製品より先に顧客を開発する</u>ことにより、TIME誌に次世代リーダーと目される美容起業家となった

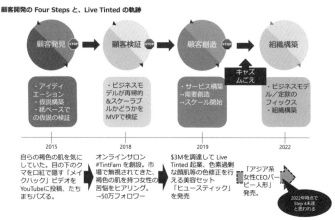

顧客開発の Four Steps と、Live Tinted の軌跡

インド系二世アメリカ人ディーピカ・ミューティヤラ氏は、自分の肌の色が濃く、目の下にクマができたときなど、恥ずか

しいのをどうにかしたくて、既存の化粧品を組み合わせて巧みに黒ずみをごまかす、「メイクハック」の方法を思いつき、それを実践している動画を自画撮りしてYouTubeにアップしたところ、たちまちバズりました。何万ビューもついて、メディアで取り上げられます。自分と似た悩みで苦しんでいる人間が多くいることに気づいた彼女は、#TintFamという、オンラインサロンのようなものを起ち上げ、そこには褐色の肌で苦しむ多くの女性たちが集まって、独特のカルチャーを語るコミュニティができました。この#TintFamのインスタには、50万のフォロワーがつきます。

　私の推測ですが、ミューティヤラ氏は、おそらくこのときまで起業しようとは考えていなかったと思います。しかし、気が付いた時には、彼女は製品より先に、莫大な数の顧客を開発していました。ここで初めて彼女は資金調達を行ってLiveTinted／ライブティンテッドを起業、色素過剰の顔肌等の色修正を行える美容セット「ヒュースティック」を開発、販売し始めました。おそらく、全世界でどんな人間よりもこの苦悩に精通した彼女が設計した製品は、たちまち大ヒットしました。すでに目の前にいる膨大な数の顧客に、製品のリリースを告知すればいいだけなので、当然のことです。その結果、彼女は、TIME誌に次世代リーダーと目される美容起業家となり、彼女をモデルにした「アジア系女性CEOバービー人形」がマテル社から発売されるような事態にまでなりました。

これは蛇足ですが、彼女の事業開発のリソースの一つは、間違いなく自身の美貌だと思います。肌には問題があるのかもしれませんが、YouTube動画に登場する彼女はすっぴんの時から美しく、化粧をすると、顧客である女性たちに「こうなりたい」と思わせるのに十分な、モデルみたいな外見になります。

　イリジウムとLiveTintedを改めて比較してみてください。

　LiveTintedはビジネスプランを最初に立てたりしませんでした。いきなり顧客との対話から活動を始めました。若いミューティヤラ氏には、市場調査を行えるような資金はありませんし、やる気もなかったはずです。その代わり、自分で起ち上げたコミュニティで、ターゲット顧客の層を育てていきました。誰よりも自分も含めた顧客の悩みに精通したミューティヤラ氏には、営業はもちろん、テストマーケティングも広告も必要がありませんでした。すでに市場性がこれ以上ないほど深く検証されているのだから（これが「製品の前に顧客を開発せよ」の意味です）、むろん、無償のPoCなど不要です。

　一見、彼女はいっさいピボットもイテレーションもせずに、大成功を勝ち取っているように見えます。しかし実際は、モノを全くつくらずに、動画や言葉のやり取りから、製品の構想の変更（ピボット）と製品の仕様の変更（イテレーション）をたくさんやったからこそ、モノを世に出していきなり大ヒットしたのです。これがエリック・リース氏の言う、学習です。この意味では、コミュニティを作るこのやり方もまた、MVPと称してよいでしょう。

後書き

　最後までお付き合いくださりありがとうございます。

　本書は事業開発の入門書であり、これだけを読んで、いきなり事業開発に成功するものではありません。

　しかし、世間に流布しているエセ・リーンスタートアップを鵜呑みにしたとしても、サービスが売れずに失敗する確率は、場合によってはかえって高くなることすらあります。

　あるソフトウェア企業の社内事業開発者とお話ししたとき、その企業はある有名なリーンスタートアップの専門家と親しくされていて、その手法をすでに自社の事業開発に導入済みだと仰っていました。

　どのような形でリーンスタートアップメソッドを導入されているのですか？　という私の質問に、その方はこう答えていらっしゃいました。

「FIGMAというツールを使って紙芝居（画面遷移図）を造って、それをお客様に見せ、無償のPoCを行っています」

　ここまで読んでこられた方なら、これがリーンスタートアップの原則にもとるやり方であることを、たちまち指摘できると思います。これはアジャイル開発であって、リーンスタートアップとは呼べません。FIGMAで紙芝居を顧客に見せる場合であっても、紙芝居だけでプレオーダー（ものができていない段階での先行発注）を取り付けなければならないのです。

Ｙコンビネーターのバッチ卒で、これを徹底的にやったのが、SMSでDXの発注を受け付けるMagic ／マジックというスタートアップです。同社は今でこそ、営業、カスタマーサティスファクション、簿記など、手数のかかる作業をAIなどで代行するサービスに発展していますが、最初のMVPは、2日間で急造したウェブサイトだけでした。そしてそこにはシンプルにこう書かれていました。

　「SMSを送ってください。なんでもやります」
　（出典：Ｙ-combinatorのYouTube動画 "When to Launch Your Startup and When to Wait"）

　SMSが送られてくるたびに、同社のエンジニアたちは、毎回いちからサービスを構築していました。もちろん、有償です（現在では、SMSによる発注は、おそらく時代遅れだからでしょう、同社のサイトからなくなっています）。
　両者の違いがすぐにお判りでしょうか。
　FIGMAの画面遷移図では、そのサービスを顧客が使いやすいかどうか、という判定しかできません。その顧客企業が非常にコアな要件をかかえたごく一部の「マニア」なのか、それとも将来スケールする可能性のあるより一般的な要件を持つ顧客企業なのか、ここからは全くわからないのです。万が一その顧客企業が「マニア」だった場合、最悪、そのサービスは数社に売れておしまいということは大いにあり得ます。

ところがMagicのMVPには、この懸念がありません。なぜなら、SMSがごく少数しか飛んでこないのなら、そもそもこのサービスは構築しないほうが良い、という結論に簡単に達するからです。その場合、画面遷移図を作る必要がなく、すぐさまピボットすればいいのです。そうなった場合、ウェブサイト構築にはたったの2日しかかけていないので、そのサイトを葬るのに同社のエンジニアたちは何ら痛痒を覚えないでしょう。そしてうまく発注が来た場合は、価値仮説が証明された形になり、有償でエンジニアが稼働するため、少なくとも赤字にはなりません。

　もう一つ大きな違いがあります。一見、FIGMAを使用して画面遷移図を構築すること自体には確かにあまり稼働がかからないのですが、実は、画面遷移図を見せながら顧客企業を渡り歩くのに、たった10社であっても、無視できない工数と時間がかかるのです。この工数は無償で費やされ、サンクコスト（回収不能の埋没費用）になります。一方で、MagicのMVPは単なるウェブサイトですから、少額のウェブ広告費用だけで多数の顧客を集め、このサービスに果たしてお金を支払う顧客が十分な数いるのかどうか、という最も重要な仮説を、短時間で一気に検証することができます。

　結論をまとめます。アジャイル開発のやり方では、製品を本当に造れるか、造れるのならどう造っていくべきか、のテクニカルな次元しかでしか仮説を試せません（エリック・リース氏はこれを"can"と名付けています）。リーンスタートアップでは、

しかし、「果たしてこのサービスを造るべきか否か」（エリック・リース氏のいう"should"）を試すことが第一義なのです。

　　　「タイムリーに、予算内で、売れないサービスを構築する
　　　ことに意味などない」（エリック・リース氏）

　このご担当者様に、「アジャイル開発とリーンスタートアップの違いをどうとらえていらっしゃいますか？」と尋ねたところ、案の定、明確に分けて考えたことがない、とのことでした。
　この方を私は、世間にはびこるエセ・リーンスタートアップの被害者の一人と捉えています。エセ・リーンスタートアップの考え方では、

　プロダクトアウト＝ウォーターフォール
　リーンスタートアップ＝アジャイル

という間違った考え方が唱道され、世の中にはびこってしまっているのです。
　ついでに付け加えるのなら、

　マーケットイン＝リーンスタートアップ
　顧客志向・顧客視点＝顧客開発

という誤った恒等式も世間に流布されていますが、これもむ

ろん、根本的な勘違いです。

　「事前にアンケートや市場調査などを行い、顧客ニーズを把握してから商品の製造をはじめます」

　（出典：GMO RESEARCH「プロダクトアウトとマーケットインの違いとは？　メリット・デメリットや事例を解説」）

　「アンケートとかフォーカスグループインタビューとか、頼むからやめて」

　（出典 Ash Maurya, "Running Lean: Iterate from Plan A to a Plan That Works", O'Reilly Media、2012年拙訳）[22]

　「このコンテキストにおける市場調査はいくつかの理由でトリッキーである。ムーンショット（引用者注：大それた、スケールの大きい新規事業）の開発には長い時間がかかるため、デザインプロセスの最初の段階で構築された、その製品の稼働するバージョンに対して顧客のフィードバックを得ることは不可能だ。にもかかわらず、多くの起業家たちが顧客調査を行い、のちに後悔している」

　（Tom Eisenmann, "Why Startups Fail: A New Roadmap for Entrepreneurial Success", Crown.,"Why Startups Fail: A New Roadmap for Entrepreneurial Success", Crown. 2021年拙訳）[23]

このトム・アイゼンマン教授は、リーンスタートアップメ
ソッドの「ハーバード学派」ともいうべき学者で、教え子のス
タートアップに投資も付けており、エリック・リース氏も同著
に推薦文を寄せています。

　ここでも、プロダクトアウトがダメだからマーケットインな
らいいだろうと、真剣に考えた事業開発者が、事業で失敗する
伏線が仕込まれているのです。

　こう見ていくと、日本における事業開発は、かなり危険な状
態になっていることがお分かりになると思います。本来だった
ら事業開発の地雷を避けるために使われるべきリーンスタート
アップメソッドが、ゆがんだ形で世間に広められたせいで、か
えってそれ自体、巨大な地雷になってしまっているのです。

　この風潮を少しでも是正することに本書が一助となれば幸い
だと思っています。

参考資料

1）Eric Ries, "THE LEAN STARTUP", Currency, 2010

2）Steve Blank, "The Four Steps to the Epiphany", Wiley.

3）John Bloom, "Eccentric Orbits – The Iridium Story", Grove Press, 2017

4）Lone Survivor, ピーター・バーグ監督, 配給 ユニバーサル・ピクチャーズ；ポニーキャニオン＝東宝東和；ウォルト・ディズニー・スタジオ・モーション・ピクチャーズ

5）Gary Hamel and C.K. Prahalad, "Competing for the Future", Harvard Business School Press, 1994

6）荒木博行,『世界「失敗」製品図鑑「攻めた失敗」20例でわかる成功への近道』日経BP

7）INCUBATION INSIDE インタビュー「【三昭紙業】伝統的地方企業の営業マンが挑む新規事業開発」

8）森岡毅『苦しかったときの話をしようか　ビジネスマンの父が我が子のために書きためた「働くことの本質」』ダイヤモンド社、2019年

9）辻庸介『失敗を語ろう。「わからないことだらけ」を突き進んだ僕らが学んだこと』日経BP、2021年

10）中村幸一郎『スタートアップ投資のセオリー 米国のベンチャー・キャピタリストは何を見ているのか』ダイヤモンド社、2022年

11）Peter Thiel, "Zero to One – Notes on Startups, or How to Build the Future", Currency, 2014

12）Phil Knight, "Shoe Dog: A Memoir by the Creator of Nike" Scribner.

13）Howard Schultz, "Pour Your Heart Into It – HOW STARBUCKS BUILT A COMPANY ONE CUP AT A TIME", Hyperion, 1997

14）スベン・カールソン ヨーナス・レイヨンフーフブッド、池上明子訳『Spotify——新しいコンテンツ王国の誕生』ダイヤモンド社、2020年

15）Airbnb創業期顧客セグメント別人口データ：United States Census Bureauのデータを筆者が集計

16）Cindy Alvarez, "Lean Customer Development（Hardcover version）: Building Products Your Customers Will Buy", O'Reilly

17）ITmedia「IT駆使して人気だった『ブルースターバーガー』なぜ閉店？　プロが指摘する『接客不要』の落とし穴」

18）さだやす著・深見真ストーリー協力『王様達のヴァイキング』3巻、小学館、2014年

19）The Pharmaceutical Society of Japan薬学用語解説「Proof of Concept」

20）橋本卓典『捨てられる銀行3　未来の金融「計測できない世界」を読む』講談社現代新書、2019年

21）能登路雅子『ディズニーランドという聖地』岩波新書、

1990年

22) Ash Maurya, "Running Lean: Iterate from Plan A to a Plan That Works", O'Reilly Media, 2012

23) Tom Eisenmann, "Why Startups Fail: A New Roadmap for Entrepreneurial Success", Crown.,"Why Startups Fail: A New Roadmap for Entrepreneurial Success", Crown, 2021

著者プロフィール

富岡 功 （とみおか いさお）

1969 年 7 月生まれ。
早稲田大学政治経済学部卒業。
SE からキャリアを出発、合計 8 つの新規事業立ち上げを経験。うち 1
つが Product/Market Fit（大ヒット満員御礼状態）を達成。
顧客開発手法（リーンスタートアップの基礎になっているフレームワー
ク）、ジョブ理論に精通。デロイト・トーマツ・コンサルティング合同
会社で、クライアント企業の新規事業開発を伴走するコンサルティング
パッケージ「インキュベーション・プログラム」を開発。同社から独立
後、株式会社 StartupScaleup.jp 代表取締役。

＜資格＞
PMP
情報処理技術者試験プロジェクトマネージャ
TOEIC 925 点
英検 1 級
NLP トレーナーアソシエイト

本書は、（株）StartupScaleup.jp が事業開発者にリーンスタートアップ方法を
学んでいただくトレーニング・プログラム「インキュベータートレーニング」
の教材の一部をもとに構成されています。

新規事業を崩壊させる5つの常識

2024年1月15日　初版第1刷発行

著　者　富岡　功
発行者　瓜谷　綱延
発行所　株式会社文芸社
　　　　〒160-0022　東京都新宿区新宿1－10－1
　　　　　　　　　電話　03-5369-3060　（代表）
　　　　　　　　　　　　03-5369-2299　（販売）

印刷所　株式会社フクイン

ISBN978-4-286-24853-0